BACON
Kochbuch

Frisch gebratener Schinkenspeck:
knusprig, pikant und heiß begehrt

Carol Wilson

BACON Kochbuch

**Frisch gebratener Schinkenspeck:
knusprig, pikant und heiß begehrt**

EDITION XXL

Erstveröffentlichung unter dem Titel:
„The Bacon Cookbook"
© Lorenz Books, ein Imprint von
Anness Publishing Ltd, 2014

Genehmigte Lizenzausgabe
EDITION XXL GmbH
Industriestraße 19
64407 Fränkisch-Crumbach 2016
www.edition-xxl.de

Übersetzung: Anu Katariina Lindemann
Fotos: www.practicalpictures.com
Rezepte: Pepita Aris, Catherine Atkinson, Alex Barker,
Ghillie Basan, Georgina Campbell, Maxine Clark, Penny
Doyle, Matthew Drennan, Brian Glover, Carole Handslip,
Valentina Harris, Christine Ingram, Silvena Johen Lauta,
Mowie Kay, Lucy Knox, Janet Laurence, Sally Mansfield,
Ewa Michalik, Janny de Moor, Anna Mosesson, Carol
Pastor, Anne Sheasby, Mirko Trenkner, Linda Tubby,
Suzanne Vandyck, Jenny White, Biddy White Lennon,
Carol Wilson, Jeni Wright, Annette Yates

ISBN (13) 978-3-89736-176-8

Bitte beachten Sie:
- Die Backofentemperaturen in diesem Buch beziehen sich auf Öfen mit Ober- und Unterhitze. Wenn ein Umluftofen benutzt wird, muss die Temperatur um ca. 20 °C verringert werden. Generell gilt, dass die Heizleistung von Backöfen trotz gleicher Temperatureinstellung variieren kann, je nach Hersteller und Modell.
- Die Nährwertangaben unter jedem Rezept beziehen sich jeweils auf eine Portion.
- 1 TL (Teelöffel) = ca. 6 g
  1 EL (Esslöffel) = ca. 12 g

Inhalt

Einleitung

Ob Sie es lieber geräuchert oder ungeräuchert mögen, fetthaltig, fettarm, salzig, mild, knusprig oder weich – Speck ist schnell und einfach zuzubereiten und wunderbar vielseitig. Sein reichhaltiges, herzhaftes Aroma ist bereits nur für sich allein genommen schmackhaft, wenngleich die Zugabe von Speck in Eintöpfe, Suppen, Salate, Gemüse, Pasta, Reis, Fisch- und Fleischgerichte diesen eine neue Note verleiht und sie von einem gewöhnlichen Gericht zu etwas ganz Besonderem machen kann. Der verführerische Geschmack von brutzelndem Speck ist geradezu unwiderstehlich und macht ihn zu einem der weltweit beliebtesten Nahrungsmittel. Genau genommen ist neuerdings jeder sogar regelrecht verrückt nach Speck geworden, abgesehen von seinem fortwährenden Einfluss in der traditionellen Küche. Heutzutage gibt es außerdem eine Auswahl von Produkten, die mit Speck aromatisiert werden, wie beispielsweise Bier, Wodka, Brownies, Marmelade, Toffee, Eiscreme, Cupcakes, Schokolade und sogar Zahnpasta!

Die Geschichte des Specks

Speck gehört unbestreitbar zu einem der herausragendsten und vielseitigsten Teilstücke des Schweins und hat seit Hunderten von Jahren eine zugetane Anhängerschaft von genussfreudigen Fleischliebhabern.

Schweine werden aufgrund ihres schmackhaften Fleisches bereits seit Jahrhunderten gezüchtet. Mit dem Wort „Speck" bezeichnet man in der Regel das Fettgewebe von Schweinen, das zwischen Haut und Muskeln liegt.

Die Chinesen konservierten bereits 1500 v. Chr. Schweinebauch in Salz. In Großbritannien zu römischer Zeit kannten die Römer den Speck als *petaso*, den sie mit getrockneten Feigen kochten, über dem Feuer anbrieten und mit Soße servierten. Speck, so wie wir ihn heute kennen, gibt es bereits seit dem frühen 17. Jahrhundert.

Bauchspeck ist mit Abstand das beliebteste Teilstück zum Pökeln, um Speck herzustellen.

Speck kommt vor allem von der Seite, dem Bauch und dem Rücken des Schweins und wird durch Pökeln (Haltbarmachen mit Salzen) hergestellt, manchmal wird das Fleisch auch geräuchert. Es gibt eine Vielzahl von Teilstücken: durchwachsener Speck (fetthaltig); Bauchspeck, mit parallel bis hin zur Schwarte verlaufenden Fettschichten, ebenso reichlich fetthaltigen Schweinehinterschinken, der aus der Seite des Schweins herausgeschnitten wird und von Fett durchzogen, aber magerer ist als durchwachsener Speck; Rückenspeck, der am wenigsten Fett hat.

Frühstücksspeck am Stück wird aus dem Bauch und der Seite des Schweins herausgeschnitten und hat normalerweise einen sehr hohen Fettgehalt. Nacken wird in der Regel häufiger als Keule zum Kochen oder Schmoren verwendet (wofür er sich vorzüglich eignet, wenngleich er vor der Zubereitung gut eingeweicht werden muss). Er kann auch in Streifen geschnitten werden. Speck-Koteletts werden aus dem Nacken, der Schulter oder dem Rücken geschnitten.

Speck kann geräuchert oder ungeräuchert sein – Letzterer wird auch als „grün" bezeichnet und ist blasser sowie milder als die geräucherte Variante.

Für Speck gibt es eine Vielzahl regional unterschiedlicher Bezeichnungen:

Tamworth-Schweine wurden seit Hunderten von Jahren für die Speckproduktion gezüchtet.

So heißt Bauchspeck z. B. in Bayern „Wammerl", in Hessen „Dörrfleisch" und in Franken „Bündla".

Schweine, die für die Speckproduktion gezüchtet werden

Schon immer waren Schweine, die zur Speckgewinnung gezüchtet wurden, schwerer als Schweine für die Frischfleischproduktion. Sie wurden hinsichtlich ihrer Fähigkeit ausgewählt, möglichst dicke Speckseiten zu entwickeln. Manche Rassen, wie beispielsweise *Yorkshire* und *Tamworth*, wurden einzig und allein für die Speckproduktion gezüchtet. Tiere, die aufgrund ihres Specks auserkoren werden, haben auch heute noch bei der Schlachtung ein höheres Gewicht, als diejenigen für frisches Schweinefleisch: Normalerweise wiegen sie um die 100 kg.

Schweine wurden im Frühling geboren und entweder mit Eicheln aus Eichenwäldern gemästet oder in die Obstplantagen gelassen, wo sie die heruntergefallenen Äpfel fressen durften. Nach der Schlachtung wurde das Schwein für einen Tag aufgehängt und dann mit Salz gepökelt. Das Pökeln konnte trocken (Salz) oder nass (Salzlake), süß (mit Honig), gewürzt oder ungewürzt erfolgen. Jede Familie hatte ihr eigenes Rezept – überliefert von Generation zu Generation. Salzig glänzende Speckseiten wurden an Dachsparren aufgehängt, damit sie reifen konnten. Später wurden sie im Kamin aufgehängt und geräuchert, was das Fleisch konservierte.

In Europa verbreitete sich die Schweinezucht von England aus. Von hier wurden viele Rassen zu

Zuchtzwecken in andere Länder exportiert. Noch heute kommt dem *Bacon* in den angelsächsischen Ländern eine besondere Bedeutung zu und auch viele Sitten und Gebräuche gehen darauf zurück.

Die „Speckseiten-Prüfung" von Dunmow

Speck spielt eine wichtige Rolle in einem alten, englischen Brauch, der immer noch alle vier Jahre in Great Dunmow in Essex gepflegt wird. Dabei müssen verheiratete Paare vor einer Jury von genau „sechs Jungfrauen und sechs Junggesellen" glaubhaft machen, dass sie nach „zwölf Monaten und einem Tag" ihre Heirat noch niemals bereut haben. Als Belohnung erhalten sie eine Speckseite.

Dieser Brauch stammt vermutlich aus dem Jahre 1104 und nahm im Augustiner-Kloster in Little Dunmow seinen Anfang, als Lord Reginald Fitzwalter und seine Ehefrau sich als arme Leute verkleideten und den Prior des Klosters ein Jahr und einen Tag nach ihrer Hochzeit um seinen Segen baten. Der Prior war von ihrer Ergebenheit dermaßen beeindruckt, dass er ihnen eine Speckseite zum Geschenk machte. Nach der Reformation erlosch dieser Brauch zunächst, wurde jedoch um 1855 wiederbelebt und wird seither in Great Dunmow regelmäßig ausgeübt. Dabei wird eine Speckseite von den sogenannten „Speckseiten-Trägern" durch die Straßen getragen. Dann werden die teilnehmenden Paare in einem altertümlichen „Speckseiten-Stuhl" von den Trägern zum Marktplatz gebracht, damit sie dort ihren Eid leisten können.

Eine amerikanische Lebensart

Die ersten Schweine wurden von Hernando de Soto im Jahre 1539 nach Amerika gebracht. Nur drei Jahre später war seine damalige Herde von einst 13 Schweinen auf mehrere Hundert angewachsen. Die Schweine-Revolution hatte begonnen und die Schweinezucht breitete sich schnell in den neuen Kolonien aus. Während der großen Ausdehnung gen Westen am Ende des 19. Jahrhunderts war gepökelter Speck für viele Tausende von Schürfern, Siedlern und Forschern essenziell, da sie auf seinen Nährwert angewiesen waren und mit dem Speckfett Wurzelgemüse über dem Lagerfeuer brutzelten. Als sich die Schweineherden vergrößerten, wurden in den großen Städten Fleischverarbeitungsbetriebe gegründet. Die Schweine mussten zunächst Hunderte von Meilen über Land getrieben werden, bis schließlich Swift & Co. 1887 den Kühlwagen einführte. Nun war es möglich, verarbeitetes Schweinefleisch anstelle von lebenden Tieren auszuliefern.

Der kommerzielle Erfolg von Speck wurde durch eine Erfindung von Oscar F. Mayer, einem deutschen Einwanderer, besiegelt, der in den 1920er-Jahren eine Methode des Schneidens und Verpackens von Speck perfektionierte. Diese ermöglichte, dass Speck im ganzen Land verkauft und transportiert werden konnte. Von nun an konnte sich jeder Amerikaner zum Frühstück auf seinen geschnittenen und verpackten Speck freuen. Während der Weltwirtschaftskrise wurde Speck zu einem Grundnahrungsmittel und Speckfett war das am häufigsten verwendete Speisefett während des Zweiten Weltkrieges.

Die Popularität von Speck ist auf beiden Seiten des Atlantiks immer weiter angestiegen. In jüngster Zeit ist eine Entwicklung zu beobachten, die sich zunehmend von der Massenproduktion distanziert. Man trifft immer häufiger auf kleine Bauernhöfe,

Alle vier Jahre stolzieren die „Speckseiten-Träger" von Great Dunmow durch die Straßen und stellen eine Speckseite zur Schau – der Preis für besonders überzeugend vorgetragenes Eheglück.

die ihren selbst gepökelten und geräucherten Speck verkaufen. Auch werden wieder alte, fettere und ursprüngliche Rassen gezüchtet, wie z. B. das Tamworth-Schwein, das Cornwallschwein und das Old Spot-Schwein, die sich durch einen besonders hohen Speck-Anteil auszeichnen.

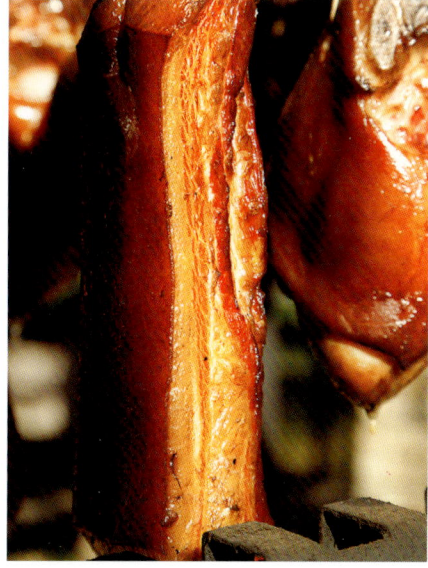

Traditionell vom Dachsparren hängender Speck in rauchgefüllten Küchen, wo er geräuchert und für die folgenden Wintermonate konserviert wird.

Internationale Specksorten

Speck ist überall in der Welt beliebt, wobei der verwendete Teil des Schweins und die Räucher- und Pökelmethoden von Land zu Land unterschiedlich sind.

Pancetta stesa ist bezüglich seines Aussehens dem durchwachsenen (fetthaltigen) Speck ähnlich, wie er auch im Rest Europas und in Amerika bekannt ist. Sein besonderer Pökelvorgang und die Verwendung unterschiedlicher Kräuter und Gewürze bringt ein charakteristisches Aroma mit sich.

Italien

Der italienische *Pancetta* stammt vom Bauch des Schweins (*pancia*) und ähnelt dem durchwachsenen Speck, hat aber ein komplett anderes Aroma, da er auf eine andere Weise gepökelt wird. Pancetta wird mit Salz gepökelt, gesalzen und gewürzt – häufig mit Fenchel, Pfeffer und Muskat – und ist ein wichtiger Bestandteil vieler italienischer Gerichte. *Pancetta curata* wird luftgetrocknet oder mit Salz gepökelt, *Pancetta arrotolata* (gerollter Pancetta) ist fettarm und wird mit Pfefferkörnern und Gewürznelken gewürzt. *Pancetta stesa* kommt vom Bauch und wird in Streifen geschnitten wie normaler Speck, *Pancetta affumicata* wird geräuchert.

Frankreich

Das französische Wort für Speck lautet *lard* oder *lardons*, wenn er gewürfelt ist (abgeleitet von dem lateinischen Wort für Speckfett: *lardum*).

Eine Speckscheibe heißt *tranche de lard*, durchwachsener Speck ist bekannt unter dem Namen *lard de poitrine* und wenn er geräuchert ist, heißt er *poitrine fumée*. Sehr magerer Speck wird *bacon* genannt. *Ventrèche* (Bauch) aus Südwest-Frankreich ist dem italienischen Pancetta ähnlich und stammt von einem Teil des Schweinebauchs, wo die Muskeln durch Fettstreifen voneinander getrennt sind. Wie Pancetta ist er eher gepökelt als geräuchert und wesentlich fleischiger als Bacon.

Deutschland

Speck ist in den deutschsprachigen Ländern unter verschiedenen Namen bekannt: Schinkenspeck, Dörrfleisch, Bauchspeck und natürlich auch Bacon. Bauchspeck kommt vom Bauch und ist durchwachsen mit Muskeln und Fett. Nach dem Pökeln wird er über Buchenholz geräuchert und dann zubereitet. Bauchspeck wird normalerweise in Stücken ohne Schwarte verkauft. In Südwest-Österreich wird Bauchspeck an der Luft getrocknet und über Birkenholz geräuchert. Schinkenspeck wird gepökelt und geräuchert und stammt von der hinteren Hüfte des Schweins, wird dünn geschnitten und normalerweise kalt serviert. Hier befinden sich größere Muskeln und der daraus gewonnene Speck hat weniger Marmorierung als der billigere Speck, der fürs Kochen verwendet wird. Schwarzwälder Speck ist eine Spezialität, die in gewürzter Salzlake gepökelt und danach über Kiefernholz geräuchert wird, bis der Speck auf der Außenseite schwarz ist. Er hat ein typisches Aroma und ist sehr beliebt.

Ventrèche wird mit Kräutern und Gewürzen trocken gepökelt.

Speck wird in ganz Nordeuropa verwendet, um das Aroma von Suppen und Eintöpfen aufzupeppen.

Spanien

Der spanische Begriff für Speck lautet *tocino*, der meistens ungeräuchert ist. Die geräucherte Version nennt man *bacon*. *Tocino Iberico* ist ein Gourmet-Speck von Schweinen, die mit Eicheln gefüttert wurden. Ein anderer Typ von spanischem Speck ist *tocino de pancetta* – Schweinebauchfleisch, das mit Salz gepökelt, gesalzen, gewürzt und dann ca. drei Monate getrocknet wird. Dieser Speck ist sehr fetthaltig und hat nur wenig Fleisch.

Großbritannien

Rückenspeck ist der am häufigsten verwendete Speck in Großbritannien und wird vorwiegend zum Frühstück gereicht. Durchwachsener Speck wird entweder als Beilage zerkleinert oder als Wrap (um das Fleisch gewickelt) serviert, um die Feuchtigkeit zu wahren.

Niederlande

In den Niederlanden wird der *Zeeuws spek* vom Schweinebauch geschnitten und mit Salz, Pfeffer und Lorbeerblatt gewürzt, danach in pikantem Öl und Senf mariniert. Für gewöhnlich wird das Fleisch eher leicht gegrillt als roh verkauft.

Osteuropa

In Ungarn gibt es *szalonna*, einen reichhaltigen Bauchspeck. Dieser ist fetthaltiger als Fleisch und wird geräuchert. Ursprünglich war er ein Bauernmahl, wo Stücke von Szalonna auf Stöcke gesteckt und über das offene Feuer gehalten wurden, bis das Fett herabtropfte. Das heiße Fett wurde dann auf gesalzenem Roggenbrot verteilt. Zigeunerspeck (*cigany-szalonna*) – ein rötlich gefärbter, mit Paprika beschichteter, pikanter Speck – hat mehr Fleisch. Er wird mit Roggenbrot, rohen Zwiebeln und rohem Knoblauch oder geschnitten und gebraten zum Würzen von Eintöpfen und Suppen verwendet. Die polnische Variante heißt *boczek* und wird gepökelt und dann geräuchert.

USA und Kanada

Amerikanischer Speck kommt vom Bauch und wird in sehr dünne Streifen geschnitten. Er ist ziemlich fetthaltig und wird nach dem Pökeln normalerweise geräuchert. Sein Aroma ist abhängig von der Pökelart. Hierbei können roter Pfeffer, Zucker, Ahornzucker oder -sirup, Honig oder Melasse zum Einsatz kommen. Häufig wird der Speck in seinem eigenen Fett in der Pfanne gebraten, bis er golden und knusprig ist.

Kanadischer Speck (oder Speck nach kanadischer Art) stammt von der Lende des Schweins. Er ist im Vergleich zum Speck nach amerikanischer Art fettärmer und wird normalerweise geräuchert. *Peameal bacon*, in Maismehl panierter Speck, ist ein anderer Typ des kanadischen Specks, der sich darin vom Standardspeck unterscheidet, dass er eher gepökelt als geräuchert wird. Traditionell wurde ein gepökeltes Speckstück in gemahlenen und getrockneten, gelben Erbsen gewälzt, um es trocken zu halten und zu konservieren. Heute wird stattdessen gelbes Maismehl benutzt. Dieses Verfahren wurde um 1875 in Toronto von dem englischen Immigranten William Davies entwickelt.

Australien und Neuseeland

In Streifen geschnittener *middle bacon* (dt. Schweinehinterschinken) ist die verbreitetste Speckvariante in Australien und Neuseeland. In den dortigen Supermärkten sind ebenso fettärmere Teilstücke aus dem Lendenbereich erhältlich. Sie werden unter dem Namen *short cut bacon* verkauft.

In der spanischen Küche wird das Fett des Tocino de pancetta *traditionell zur Zubereitung von Zwiebeln und Knoblauch verwendet und es ist überaus wohlschmeckend.*

Kanadischer Peameal Bacon *ist nass gepökelter Speck, der dann mit dem unverwechselbaren gelben Maismehl ummantelt wird.*

Der Großteil des amerikanischen Specks wird in dünnen Streifen verkauft – zum Braten, Grillen oder Backen.

Pökeln und Räuchern

Durch Pökeln wird Speck haltbar, ohne dass man ihn kühlen muss. Diese Anwendung reicht bis in die Antike zurück, als das Salzen noch die einzige Möglichkeit war, um Fleisch für einen längeren Zeitraum zu lagern, ohne dass es schlecht wurde. Salz entzieht dem Fleisch Feuchtigkeit, konserviert es und verleiht ihm Aroma.

Speck kann nass oder trocken gepökelt werden. Nass gepökelter Speck wird in einem Bottich bearbeitet und in eine Lauge mit Salz, Natriumnitrat, Gewürzen, Zucker und Speisewürze gelegt. Auch andere Flüssigkeiten können hinzugefügt werden, z. B. Apfelsaft, Apfelwein oder Ale. Einige Hersteller spritzen die Lauge direkt ins Fleisch, um Gewicht und Volumen zu steigern. Nass gepökelter Speck wird stets schrumpfen und bei der Zubereitung eine milchige Flüssigkeit absondern, zudem ist er nicht so knusprig wie trocken gepökelter Speck.

Trocken gepökelter Speck wird klassischerweise mit einer Mischung aus trockenem Salz, Natriumnitrat, Gewürzen und manchmal mit Kräutern eingerieben und dann aufgehängt, um zu trocknen und zu reifen.

Traditionell wurde der gepökelte Wiltshire-Speck aufgehängt und zwei Wochen in einem kühlen Keller hängengelassen, um zu reifen.

Speck, der in Salzlake gepökelt wurde, ist normalerweise etwas dunkler als trocken gepökelter.

Dies entzieht dem Speck Wasser, sodass er weniger schrumpft und während des Kochens keine weißen Absonderungen in der Pfanne zurückbleiben.

Wichtig ist die Art des Salzes, das für das Pökeln verwendet wird. Grobes Salz eignet sich am besten, da es sich langsamer auflöst und das Fleisch durchdringt. Feines Salz würde es zu schnell versiegeln, bevor es eindringen kann. Salpeter (Kaliumnitrat) wird benutzt, um Bakterien abzutöten und gibt dem Speck seine rosarote Farbe. Über mehrere Jahrhunderte hatte die Bevölkerung auf dem Land ihre eigenen geheimen Rezepte, um Speck zu pökeln und zu räuchern. Bevor der Zucker aufkam, war Honig eine beliebte Zutat, da er schnell in das Fleisch eindringt. Andere Zutaten waren Bier, Apfelwein, Senf, Sirup, Essig, aromatische Gewürze und Kräuter.

Verschiedene Pökelverfahren

Ob trocken oder nass, das Pökeln ist von besonderer Bedeutung für das Aroma des fertigen Produkts. Tatsächlich haben viele gewerbliche Erzeuger heutzutage immer noch ihre eigenen, geheimen Pökel-Rezepte. Frühere Pökelungen, wie sie vor 100 Jahren üblich waren, wären für den heutigen Gaumen zu salzig, folglich sind derzeitige Pökelungen milder. In England variierten die Typen der Pökelung von Region zu Region und waren bezüglich Aroma und Konsistenz unverwechselbar.

Manche englischen Pökelungen, wie z. B. die Wiltshire-Pökelung, sind weltberühmt geworden. Die Wiltshire-Pökelung wurde von der Familie Harris of Calne in den 1840ern entwickelt und war zu jener Zeit revolutionär. Sie verbanden das Pökeln mit niedrigen Temperaturen, bei denen Fleisch ohnehin länger haltbar bleibt, und stellten fest, dass hierbei viel weniger Salz benötigt wurde. Somit war eine mildere Pökelung möglich. Das Fleisch wird 3–4 Tage in Salzlake getaucht, danach zum Reifen zwei Wochen in einen kühlen Keller gelegt, bevor es dann 2–3 Tage über Eichen-, Kiefern- oder Buchenholz geräuchert wird. Süß gepökelter Speck aus Suffolk wird mit Salz und Melassezucker sechs Wochen lang trocken gepökelt und danach über Eichenholz geräuchert. Der tief rosarote, salzige Speck hat ein schweres süßliches Aroma.

Das langsame Räuchern über Apfelbaum-, Hickory- und Kirschbaum-Holzspänen verbessert das Aroma des Specks.

Ayrshire-Speck aus Südwest-Schottland ist nur sehr leicht gesalzen und mild gepökelt. Das Verfahren entstand 1857 und ist immer noch in ganz Schottland beliebt. Nach dem Pökeln wird die Schwarte entfernt, das Fleisch fest eingerollt und mit Faden verschnürt, wodurch sich Fett und fettarmes Fleisch gleichmäßig verteilen, bevor es in Scheiben geschnitten wird. Dieser Speck kann sowohl geräuchert, als auch ungeräuchert sein.

Amerikanischer Speck wird oft trocken gepökelt, wofür Ahornsirup und Melasse für einen süßeren Geschmack verwendet werden. Dann wird er über Hickory- oder Kirschbaum-Holzspänen geräuchert. In den Vereinigten Staaten gibt es mittlerweile eine Vielzahl von lokalen Speck-Herstellern, die ihren eigenen, unverkennbaren Speck mit einer Liste von sehr originellen Pökel-Zutaten herstellen.

Speck aus der Massenproduktion stammt von Schweinen aus der Intensivhaltung, die kaum Bewegung haben und fettreduziertes Futter erhalten. Folglich hat Speck von diesen Schweinen viel weniger Aroma, als das von im Freien gehaltenen Tieren. Ihr Fleisch wird normalerweise gepökelt, indem Salzlake und Phosphate eingespritzt werden, um es prall und schwer zu machen. Bei der Zubereitung schneidet solcher Speck eine weiße Flüssigkeit aus und das Fleisch schrumpft um ein beachtliches Maß in der Pfanne zusammen. Es lohnt sich traditionell gepökelten Speck zu kaufen. Er hat ein wesentlich besseres Aroma und eine bessere Konsistenz.

Geräucherter Speck

Nach dem Pökeln kann Speck in einer Räucherkammer geräuchert werden, um das Aroma zusätzlich zu verbessern. Für gewöhnlich werden Holzspäne benutzt. Am beliebtesten sind Eichen-, Buchen-, Apfelbaum- und Hickoryholz. Die Wahl des Holzes ist ein wichtiger Faktor für den Geschmack des Specks. Die teerhaltigen Substanzen im Holzrauch töten Bakterien ab und bilden eine luftdichte Versiegelung an der Oberfläche, während der Rauch das Fleisch durchdringt und dem Speck einen unverwechselbaren Geschmack verleiht.

Manche nordamerikanischen Speckhersteller räuchern Speck über brennenden Maiskolben. Oftmals wird bei einer Temperatur unter 30 °C kalt geräuchert, damit das Fleisch nicht gekocht wird und der Speck dennoch eine andere Farbe, Geschmack und Konsistenz enthält. Räuchern verleiht dem Speck einen dunkleren Farbton.

Industriell hergestellter Speck wird in Räucherfabriken produziert. Er wird kürzer geräuchert, um einen Gewichtsverlust zu verhindern. Außerdem wird er gefärbt und oftmals auch mit Chemikalien aromatisiert.

Eine altmodische Räucherkammer auf der Quiet Valley Historical Farm in Pennsylvania, USA.

Speck selber machen

Ein Stück Bauchfleisch, Lende oder Schweineschulter, mit einem Gewicht von 1 bis 5 kg ist ideal, um selber Speck herzustellen. Achten Sie darauf, dass alle Utensilien gründlich gereinigt und sterilisiert sind und dass der Raum möglichst kühl ist.

Trockene Pökelmischungen

Es lohnt sich, wenn Sie mit verschiedenen Kräutern und Gewürzen experimentieren, um die perfekte Mischung für Ihren persönlichen Geschmack zu finden.

Pikante Trockenpökelung:

1 kg Schweinebauch oder -lende
50 g grobes Salz
50 g Kristallzucker
0,5 g Salpeter
1 TL hellbrauner Zucker
1 TL Wacholderbeeren, zerdrückt
1 TL Senfpulver

Trockene Kräuter-Pökelmischung:

50 g grobes Salz
50 g Kristallzucker
0,5 g Salpeter
1 TL Muskovadozucker
1 TL Pfefferkörner, zerstoßen
1 TL gemahlener Koriander
1 TL gemahlene Muskatnuss
1 TL Lorbeerblätter, fein gehackt
1 TL Rosmarin, gehackt
1 TL Thymian, gehackt

Es ist wichtig, das richtige Salz zu benutzen: grobes Steinsalz oder Meersalz. Spezielles Pökelsalz ist ebenfalls erhältlich und ist eine Kombination aus Salz und Natriumnitrit oder Natriumnitrat. Manchmal ist es rosa gefärbt, um es besser von gewöhnlichem Salz zu unterscheiden. Für das Trockenpökeln braucht man ca. 2 EL Salz pro Kilo Fleisch (das Salz kann dem Fleisch bis zu 26% der Feuchtigkeit entziehen), 0,5 g Salpeter (ein Konservierungsmittel, das dem Speck seine rosa Farbe und sein Aroma verleiht) und 1–2 EL Zucker, wenn süßer Speck bevorzugt wird. Eine größere Menge Zucker ergibt eine süße Pökelung. Sie können ebenfalls getrocknete Kräuter hinzufügen (2 TL pro Kilo Fleisch), Gewürze, Honig und Melasse.

Trocken gepökelter Speck

Dieses einfache Rezept eignet sich hervorragend, wenn man zum ersten Mal pökelt. Es bringt einen wunderbaren Geschmack hervor.

1 kg Schweinebauch oder -lende
40 g grobes Salz
40 g Pökelsalz
0,5 g Salpeter
20 g heller Muscovadozucker
20 g Thymian, gehackt

1 Die Schwarte nach Belieben entfernen (mit Schwarte dauert das Pökeln etwas länger). Mit Hilfe eines Fleischspießes das Fleisch auf beiden Seiten durchstechen, damit die Pökelung leichter eindringen kann. Die Salze, den Salpeter, den Zucker und den Thymian vermischen.

2 Die Mischung mit den Fingern gut in den Schweinebauch einreiben, damit sie überall eindringen kann.

3 Das Fleisch mit der mageren, fleischigen Seite nach unten in eine für Lebensmittel geeignete, große Plastiktüte legen. Ein nicht-metallischer Behälter kann ebenfalls benutzt werden, z. B. eine Gefrierbox aus Kunststoff. Abdecken und in den Kühlschrank oder in einen kühlen Raum legen. Das Fleisch täglich wenden, 2–6 Tage lang immer wieder mit der Pökelmischung einreiben. Auf dem Boden der Tüte bzw. des Behälters wird sich eine Flüssigkeit bilden, die weggeschüttet werden muss.

4 Das Fleisch gut abspülen und trocken tupfen. Danach in ein Mulltuch einwickeln und 1–2 Tage kühlen, damit es trocknet. Auf der Oberfläche wird sich eine glänzende, dünne Haut bilden. Das Häutchen verhindert, dass das Fett im Fleisch an die Oberfläche dringt und es somit verdirbt. Es versiegelt die Oberfläche und schützt den Speck vor dem vollständigen Austrocknen. Zudem haften die Rauchmoleküle dadurch besser an der Oberfläche.

5 Wenn der Speck nicht geräuchert werden soll, kann er nun geschnitten und zubereitet werden. Falls ein pudriger, weißer Schimmer (dieser ist harmlos) zum Vorschein kommen sollte, kann er mit einem in Essig getränkten Tuch einfach abgewischt werden.

Nass gepökelter Speck

Diese Methode geht schneller als die Trockenpökelung. Das Fleisch wird in gesalzenem Wasser (mit oder ohne Gewürze) getränkt. Verwenden Sie dabei Quellwasser, da Leitungswasser mit Chemikalien versetzt ist, die den Pökelvorgang beeinträchtigen können.

1 kg Schweinebauch oder -lende
375 g grobes Salz
6 Pfefferkörner
6 Lorbeerblätter
1 Zwiebel, geviertelt
1 Zweig Rosmarin
450 ml Ahornsirup oder Honig
600 ml Wasser

Speck räuchern

Wenn der Speck geräuchert werden soll, ist es wichtig, dass das gepökelte Fleisch komplett trocken ist, anderenfalls kann der Rauch nicht eindringen. Räucheröfen sind überall erhältlich. Der Speck sollte kalt geräuchert werden – bei einer Temperatur um die 30 °C. Höhere Temperaturen würden das Fleisch kochen, wohingegen niedrigere das Wachstum von Bakterien fördern könnten. Je nach Holzart der Sägespäne entsteht ein anderer Geschmack. Die Räucherzeit sollte fünf Stunden oder länger betragen, bis die

1 Alle Zutaten in einen Topf geben und unter Rühren zum Kochen bringen. Den Topf vom Herd nehmen und 1 Stunde abkühlen lassen.

2 Die Flüssigkeit abseihen. Das Fleisch in einen ausreichend großen nicht-metallischen Behälter legen.

Innentemperatur des Fleisches 65 °C erreicht. Je länger geräuchert wird, um so ausgeprägter wird der rauchige Geschmack. Danach kann der Speck nach Belieben geschnitten werden.

3 Die Flüssigkeit über das Fleisch gießen und mit einem Teller oder nicht-metallischen Gewicht beschweren, sodass es von mind. 3 cm Flüssigkeit bedeckt wird. Abgedeckt 4 Tage kühlen. Dann das Fleisch aus der Flüssigkeit nehmen und trocken tupfen.

4 Der Speck kann nun geschnitten und verarbeitet werden. In Frischhaltefolie einwickeln und einfrieren.

Kochen mit Speck

Frischer Speck sollte neutral riechen und sich etwas feucht anfühlen, keinesfalls trocken, nass oder glibbrig. Das Fleisch sollte fest und tiefrosa sein, keinesfalls jedoch grünlich schimmern. Das Fett sollte prall und weiß aussehen, bei geräuchertem Speck leicht gelblich.

Frisch geschnittener Speck sollte innerhalb von 2 Tagen aufgebraucht werden, verpackter, ungeräucherter Speck ist innerhalb von 7 Tagen nach dem Öffnen zu verzehren (geräucherter Speck hält sich 10 Tage). Ungeöffnet hält er sich bis zu einem Monat (überprüfen Sie das Mindesthaltbarkeitsdatum).

Schweinespeckstücke sind 3 Tage haltbar. Fertig abgepackter Speck sollte im Kühlschrank aufbewahrt werden. Einmal geöffnet wickeln Sie ihn wieder in Frischhaltefolie (Plastikfolie) oder Pergamentpapier und verbrauchen ihn bis zum Mindesthaltbarkeitsdatum.

Auch gebratener Speck kann gelagert werden. Braten Sie ihn unter normaler Hitzezufuhr. Lassen Sie ihn auf saugfähigem Küchenpapier

Lagern Sie rohen Speck im Kühlschrank, in Folie gewickelt und getrennt von anderen Lebensmitteln.

abtropfen und abkühlen. Wickeln Sie ihn fest in Alufolie oder Frischhaltefolie. Gekühlt ist er bis zu 5 Tage haltbar. Gefrorener Speck sollte über Nacht im Kühlschrank aufgetaut werden. Zum Einfrieren geben Sie die portionierten Speckscheiben in einen Gefrierbeutel mit möglichst wenig Luft und wickeln ihn fest ein. Auch abgepackter Speck sollte vor dem Einfrieren nochmals mit Alufolie fest umwickelt und innerhalb von 2 Monaten verbraucht werden. Schweinespeckstücke können ebenso eingefroren werden. Wickeln Sie sie in Frischhaltefolie, dann in Alufolie. Stellen Sie vor dem Einfrieren sicher, dass die Folie luftdicht ist.

Gebratener Speck kann ebenfalls tiefgefroren werden. Wickeln Sie die einzelnen Portionen in Frischhaltefolie und geben Sie sie in Gefrierbeutel.

Zubereitungsmethoden

Bereiten Sie den Speck bei niedriger Temperatur zu, um die Wahrscheinlichkeit zu verringern, dass sich das Fleisch aufrollt, schrumpft oder anbrennt. Speckscheiben aus dem hinteren und mittleren Bereich des Schweins sollten 2–4 Minuten – je nach Dicke – auf jeder Seite gegrillt oder gebraten werden. Erhitzen Sie sie nicht zu lange, da sie zäh werden können. Durchwachsener Speck sollte gegrillt oder gebraten werden – 3–6 Minuten auf jeder Seite, je nachdem, wie knusprig er werden soll. Beim Braten ist kein weiteres Öl oder Fett notwendig.

Um Fettspritzer beim Braten zu verhindern, legen Sie einen Spritzschutz über die Pfanne. Damit der Speck

beim Braten möglichst gerade bleibt und um die Gefahr des Aufrollens und Einschrumpfens zu verringern, drücken Sie am besten die Scheiben mit einem Metallspachtel oder einem Pfannenwender während des Bratens in die Pfanne.

Speck kann auch im Ofen zubereitet werden. Legen Sie ihn einzeln in eine flache Backform oder in eine Tonschale. 15–20 Minuten bei 200 °C im Ofen backen, bis er Ihrem Geschmack entspricht. Während der Speck im Ofen ist, brauchen Sie ihn nicht zu wenden. Anschließend auf einem saugfähigen Küchenpapier abtropfen lassen.

Wenn Sie Speck in der Mikrowelle zubereiten, legen Sie ihn einzeln auf ein mikrowellengeeignetes Küchenpapier auf einen mikrowellengeeigneten Teller. Decken Sie den Speck mit Küchenpapier ab und bereiten Sie ihn bei hoher Hitze zu, bis zu der gewünschten Knusprigkeit.

Speckfett

Speckfett fügt einem Gericht zusätzliches Aroma hinzu, verleiht Lebensmitteln eine appetitliche, wohlschmeckende Note und macht sie beim Braten saftig und knusprig.

Speckfett entsteht bei der Zubereitung von Speck durch Ausschmelzen. Seihen Sie es ab, solange es noch warm ist, am besten durch einen Kaffeefilter oder Küchenpapier, um feste Speckwürfel zurückzuhalten. Lagern Sie es im Kühlschrank.

Speckfett ist in Amerikas Südstaaten ein Grundnahrungsmittel, wo es als „bacon grease" bekannt ist. Es wird zum Braten benutzt, um Bratensoße herzustellen, um gebratenes Gemüse zu würzen und um Hähnchen zu braten. Ebenso wird es über Kartoffelbrei und gekochten Mais geträufelt.

In Asturien in Spanien wird zerlassenes, ausgeschmolzenes Fett benutzt, um Eintöpfe, wie z.B. *fabada* (mit dicken Bohnen, Chorizo, Blutwurst und Schweineschmalz), sowie Fleisch und andere herzhafte Gerichte anzureichern.

Streifen von Fett oder fetthaltigem Speck können genutzt werden, um Terrinen und Pastetenformen auszukleiden und um Geflügel oder fettarme Fleischstücke während der Zubereitung zu umwickeln.

Das feste Fett vom Schweinerücken wird ebenfalls wie Speck gesalzen oder gepökelt. Glasiger, weißer *lardo* ist eine alte italienische Spezialität und jede Region hat ihre eigene spezielle Variante. Er wird in Lake getränkt, mit Salz, Kräutern und Gewürzen eingerieben und für ein paar Monate aufgehängt. Ähnliche Produkte kennt man auch in Mittel- und Osteuropa, wie z.B. *salo* oder *szalonna* in Ungarn, *slonina* in Polen und *slanina* in Tschechien. In Osteuropa kann Salo gesalzen oder gepökelt sein, wohingegen der Speck in Mitteleuropa normalerweise mit einer dicken Paprikaschicht, schwarzem Pfeffer oder anderen Gewürzen gepökelt wird. Südeuropäischer Salo ist häufig geräuchert.

Lardo wird in Salz, Kräutern und Gewürzen gepökelt und gilt in Italien als Delikatesse.

Kochen mit Speck

- Benutzen Sie eine Küchenschere, um den Speck in kleine Stücke zu schneiden. Braten Sie ihn, bis er knusprig ist und geben Sie ihn zu Suppen, Eintöpfen und Salaten.

- Wenn Sie Wildfleisch oder Geflügel vor dem Braten mit Speckstreifen belegen, hält dies das Fleisch feucht. Entfernen Sie den Speck 15 Minuten vor Ende der Zubereitungszeit, um das Fleisch gleichmäßig zu bräunen.

- Halten Sie stets gebratenen Speck bereit für Sandwiches, Suppen und Salate.

Streifen von durchwachsenem Speck werden oft zur Zubereitung von Pasteten verwendet, um das Aroma zu bewahren und die anderen Zutaten feucht zu halten.

Frühstück

Als Erstes denkt man bei „Speck" an Frühstück. Das traditionelle, üppige, englische Frühstück wäre nicht dasselbe ohne brutzelnde Speckscheiben neben einem Ei und Wurst. Das Gleiche gilt für das amerikanische Frühstück, bei dem der Berg von frisch zubereiteten Pfannkuchen mit Ahornsirup ohne knusprige, salzige Beigabe nicht denkbar wäre. Aber es gibt auch noch viele weitere verlockende Möglichkeiten, Speck zu genießen. So eignet er sich z. B. hervorragend für ein geruhsames Frühstück am Wochenende oder einen Brunch: knuspriger Speck oder Pancetta in einem Croissant mit Ei und Kaviar, gegrillter Speck in Reibekuchen und in köstlichen Speck-Champignon-Ahornsirup-Muffins.

Eier Benedikt

Die Kombination aus appetitlichem, geräuchertem Speck, leicht pochierten Eiern und Sauce hollandaise auf einem englischen Muffin ist in Amerika zu einem kulinarischen Klassiker geworden.

FÜR 4 PERSONEN

8 Scheiben Rückenspeck

4 Eier

2 englische Muffins oder
 4 Brotscheiben

Butter zum Bestreichen

frischer Schnittlauch zum Garnieren

Für die Soße

3 Eigelb

2 EL Zitronensaft

¼ TL Salz

115 g Butter

2 EL Sahne

schwarzer Pfeffer, gemahlen

1 Die Speckscheiben knusprig anbraten, beiseitelegen und warm halten.

2 Für die Soße das Eigelb, den Zitronensaft und das Salz 15 Sekunden in einer Küchenmaschine oder im Mixer verrühren. Die Butter schmelzen, bis sie Blasen wirft. Die heiße Butter langsam in die angeschaltete Küchenmaschine oder in den Mixer gießen. Das Gerät ausschalten, sobald die Butter komplett eingearbeitet ist.

3 Die Soße in eine Schüssel über einen Topf mit siedendem Wasser geben. 2–3 Minuten lang rühren, bis sie andickt. Dann 1 EL kochendes Wasser einrühren, die Sahne hinzufügen und mit Pfeffer abschmecken.

Die Schüssel beiseitestellen und abdecken, um die Soße warmzuhalten.

4 Etwas Wasser in einer flachen Pfanne zum Kochen bringen. Die Eier aufschlagen, hineingeben und mit einem Löffel das Eiweiß um das Eigelb ziehen. 3–4 Minuten kochen lassen. Die Eier mit einem Schaumlöffel herausnehmen und auf Küchenpapier abtropfen lassen.

5 Währenddessen die Muffins oder Brotscheiben durchschneiden und toasten. Mit Butter bestreichen, solange sie warm sind. Jeweils eine Speckscheibe und ein Ei darauflegen. Mit Soße beträufeln, dann mit Schnittlauch garnieren und servieren.

Energie 553 kcal/2304 kJ; Protein 19,8 g; Kohlenhydrate 31,6 g – davon 2,2 g Zucker; Fett 39,7 g – davon 18,9 g gesättigt; Cholesterin 427 mg; Kalzium 148 mg; Ballaststoffe 1,3 g; Natrium 635 mg

Amerikanische Pfannkuchen mit knusprigem Speck

Die kleinen, dicken, buttrigen Pfannkuchen dieses klassischen amerikanischen Frühstücks werden in Sekundenschnelle aufgegessen sein, also machen Sie davon gleich eine größere Menge! Der Pfannkuchenteig kann bereits am Vorabend zubereitet werden.

FÜR 4 PERSONEN

8 Scheiben Rückenspeck
175 g Mehl, gesiebt
1 Prise Salz
1 EL Streuzucker (extrafein)
2 große Eier
150 ml Milch
1 TL Backnatron
2 TL Weinstein
etwas Pflanzenöl
Butter
Ahornsirup

1 Die Speckscheiben knusprig anbraten, beiseitelegen und warm halten.

2 Für den Teig das Mehl, das Salz und den Zucker vermischen. Die aufgeschlagenen Eier und die Milch in eine separate Schüssel geben. Nach und nach die Mehlmischung hineinrühren, bis der Teig glatt und dickflüssig ist. Backnatron und Weinstein hinzufügen und alles vermischen. Dann die Schüssel abdecken und den Teig etwas ruhen lassen.

3 Den Teig erneut schlagen. Etwas Öl in einer schweren Pfanne erhitzen. Den Teig mit einem Teelöffel in die Pfanne geben, ausreichend Platz zwischen den Pfannkuchen lassen. Bei hoher Hitze ausbacken, bis sich Blasen auf der Oberfläche bilden und sich die Unterseite goldbraun verfärbt.

4 Die Pfannkuchen mit einem Pfannenheber vorsichtig wenden und auch auf der anderen Seite goldbraun braten, dann auf einen angewärmten Teller legen. Jeden Pfannkuchen mit etwas Butter bestreichen und mit Ahornsirup beträufeln. Die Pfannkuchen turmartig aufeinander schichten und jeweils mit zwei Scheiben knusprigem Speck servieren.

Energie 324 kcal/1358 kJ; Protein 12,9 g; Kohlenhydrate 33 g – davon 11,5 g Zucker; Fett 16,5 g – davon 3,5 g gesättigt; Cholesterin 30 mg; Kalzium 79 mg; Ballaststoffe 0,9 g; Natrium 1153 mg

Englisches Frühstück

Die fortwährende Beliebtheit dieses herzhaft zubereiteten Frühstücks beruht auf der Verwendung der besten Zutaten, wie hochwertigen Würstchen, Blutwurst und erstklassigem, trocken gepökeltem Speck.

FÜR 4 PERSONEN

4 Nieren vom Lamm, halbiert und geputzt

körniger Senf

8 Scheiben Rückenspeck oder durchwachsener Speck (möglichst trocken gepökelt)

275 g Blutwurst, in Scheiben geschnitten

225 g Würstchen

Butter oder Pflanzenöl

4 Tomaten, halbiert

4–8 Champignons

4 Kartoffelpuffer oder Kartoffelbrot

4 Eier

Meersalz

schwarzer Pfeffer, gemahlen

heißer Toast, mit Butter bestrichen

1 Die Nieren mit etwas Senf bestreichen. Den Speck, die Blutwurst, die Nieren und die Würstchen mit Butter oder Öl braten, bis sie knusprig und gut angebräunt sind. Nach Geschmack würzen und warm halten.

2 In der Zwischenzeit die halbierten Tomaten mit Butterstückchen braten, danach die Pilze in Scheiben anbraten, bevorzugt in dem Saft des Specks, der Nieren und der Würstchen.

3 Die Kartoffelpuffer (oder das Kartoffelbrot) anbraten, bis sie auf beiden Seiten goldbraun sind. Die Eier nach Geschmack braten. Alles mit Salz und Pfeffer würzen und auf einem großen, angewärmten Teller anrichten. Sofort mit heißem, mit Butter bestrichenem Toast servieren.

Energie 894 kcal/3728 kJ; Protein 50,6 g; Kohlenhydrate 40,1 g – davon 5,5 g Zucker; Fett 60,4 g – davon 20,1 g gesättigt; Cholesterin 618 mg; Kalzium 115 mg; Ballaststoffe 3,5 g; Natrium 225 mg

Haferpfannkuchen mit Speck

Haferpfannkuchen und Speck passen hervorragend zusammen. Sie sind eine interessante Alternative zum traditionellen, üppigen Frühstück und können mit Würstchen, Tomaten und Ei serviert werden.

FÜR 4 PERSONEN

8 Scheiben Rückenspeck
115 g feines Vollkornmehl
25 g Hafermehl
1 Prise Salz
2 Eier
ca. 300 ml Buttermilch
Butter oder Pflanzenöl zum Einfetten

1 Die Speckscheiben braten, beiseitelegen und warm halten.

2 Das Vollkornmehl, das Hafermehl und das Salz in einer Schüssel oder Küchenmaschine vermischen und die aufgeschlagenen Eier hineingeben. Genügend Buttermilch hinzufügen und aus den Zutaten einen cremigen Teig herstellen. Er sollte dieselbe Konsistenz haben wie normaler Pfannkuchenteig.

3 Eine Grillpfanne oder Gusseisenbratpfanne bei mittlerer Hitze erwärmen. Wenn die Pfanne heiß ist, diese leicht mit Butter oder Öl einfetten. Eine Kelle voll Teig hineingeben. Die Pfanne schwenken, um alles gleichmäßig zu verteilen und die Pfannkuchen ca. 2 Minuten auf einer Seite backen, bis sie fest sind und die Unterseite gebräunt ist. Dann wenden und eine weitere Minute backen, bis auch die andere Seite gebräunt ist.

4 Die fertigen Pfannkuchen warm halten, während die restlichen zubereitet werden. Die Pfannkuchen mit einer gebratenen Speckscheibe umwickeln. Dazu können gebratene Eier und Würstchen serviert werden.

Energie 202 kcal/845 kJ; Protein 11,9 g; Kohlenhydrate 13,1 g – davon 2 g Zucker; Fett 1,8 g – davon 4,8 g gesättigt; Cholesterin 87 mg; Kalzium 59 mg; Ballaststoffe 1,5 g; Natrium 354 mg

Klassisches BLT-Sandwich

Dieses köstliche, amerikanische Sandwich ist ein Meisterwerk! Es besteht aus knusprigem Bacon, Salat, Tomate und Mayonnaise. Besonders lecker ist es mit trocken gepökeltem Speck.

FÜR 2 PERSONEN

4 Scheiben Vollkornbrot
15 g weiche Butter
einige Salatblätter (Romana- oder Eisbergsalat)
1 große Tomate, in Scheiben geschnitten
8 Scheiben Bacon
2 EL Mayonnaise

1 2 Scheiben Brot mit Butter bestreichen. Mit dem Salat und den Tomatenscheiben belegen.

2 Den Bacon knusprig braten und über den Salat und die Tomate legen.

3 Die 2 restlichen Brotscheiben mit Mayonnaise bestreichen und über den Bacon legen. Die Sandwiches leicht zusammendrücken und halbieren.

Hinweis
Der Name BLT setzt sich folgendermaßen zusammen: „B" für „Bacon", „L" für „Lettuce" (Salat) und „T" für „Tomato" (Tomate).

Energie 647 kcal/2699 kJ; Protein 28 g; Kohlenhydrate 44 g – davon 4 g Zucker; Fett 41 g – davon 14 g gesättigt; Cholesterin 99 mg; Kalzium 198 mg; Ballaststoffe 6 g; Natrium 1941 mg

Brötchen mit Speck, Ei und Pfifferlingen

Die Konsistenz und der Geschmack von knusprig gebratenem Speck werden in diesem anspruchsvollen Frühstücksbrötchen von würzigen Pfifferlingen perfekt ergänzt.

FÜR 4 PERSONEN

8 Scheiben Rückenspeck
50 g Butter, plus etwas zum Bestreichen
115 g Pfifferlinge, geputzt und halbiert
4 EL Sonnenblumenöl
4 Eier
4 große Brötchen, halbiert
schwarzer Pfeffer, frisch gemahlen
Salz

1 Den Speck in eine große antihaftbeschichtete Bratpfanne geben und im eigenen Fett braten, bis er knusprig ist. Auf einen hitzebeständigen Teller legen, abdecken und im Ofen bei niedriger Hitze warm halten.

2 25 g Butter in einer Pfanne schmelzen, die Pfifferlinge hineingeben und bei niedriger Hitze braten, bis sie weich sind, aber ohne dass sie dabei ihre Farbe verändern. Auf einen Teller legen, abdecken und warm halten.

3 Die restliche Butter schmelzen, das Öl hinzufügen und die Hitze erhöhen. Die Eier aufschlagen und jeweils 2 auf einmal in die Pfanne geben. Nach Belieben die Eier auf beiden Seiten braten.

4 Die Brötchen toasten, mit Butter bestreichen, dann jedes mit 2 Speckscheiben, Pfifferlingen und einem Spiegelei belegen. Mit Salz und Pfeffer würzen, den Brötchendeckel darauflegen und sofort servieren.

Energie 555 kcal/2319 kJ; Protein 27 g; Kohlenhydrate 36 g – davon 2 g Zucker; Fett 35 g – davon 16 g gesättigt; Cholesterin 336 mg; Kalzium 175 mg; Ballaststoffe 4 g; Natrium 1527 mg

Speck-Kartoffelpuffer

Dieses Frühstück besteht aus geriebenen Kartoffeln, Zwiebeln, Eiern und geschnittenem Speck. Die Kartoffelpuffer werden wie Plätzchen geformt und in Speckfett gebraten. Mit gebratenen Würstchen und Eiern servieren.

FÜR 4–6 PERSONEN

250 g Kartoffeln, geschält
1 große Zwiebel
175 g durchwachsener Speck ohne Schwarte, fein geschnitten
50 g Mehl
⅓ TL Backpulver
2 Eier
Speckfett oder Pflanzenöl
schwarzer Pfeffer, frisch gemahlen
Salz

1 Die Kartoffeln auf ein sauberes Geschirrtuch raspeln und ausdrücken.

2 Die Zwiebel klein raspeln oder klein schneiden und in eine Rührschüssel geben. Das Mehl mit dem Backpulver mischen und mit den Kartoffeln, dem Speck und den Gewürzen in die Schüssel geben. Alles gut vermengen.

3 Die Eier aufschlagen und in die Kartoffelmischung rühren. Etwas Speckfett oder Öl in einer großen Bratpfanne erhitzen. Teelöffelgroße Portionen der Mischung ins heiße Öl geben und daraus dünne Puffer backen. Bei mittlerer Hitze 3–4 Minuten auf jeder Seite backen, bis die Puffer goldbraun sind. Herausnehmen, auf Küchenpapier abtropfen lassen und servieren.

Tipp
Wenn Sie die Puffer in eingeölten Metallringen braten, bekommen sie eine perfekte runde Form.

Energie 214 kcal/891 kJ; Protein 8,8 g; Kohlenhydrate 17,1 g – davon 3,5 g Zucker; Fett 12,7 g – davon 3,4 g gesättigt; Cholesterin 82 mg; Kalzium 38 mg; Ballaststoffe 1,4 g; Natrium 397 mg

Croissants mit Rührei, Kaviar und Pancetta

Eine klassische Kombination aus Eiern, buttrigen Croissants, Kaviar und knusprig gebratenem Pancetta, der für eine köstliche Rauchigkeit sorgt – das ultimative luxuriöse Frühstück!

FÜR 4 PERSONEN

4 Croissants
50 g Butter
12 dünne Scheiben geräucherter Pancetta oder Bacon
8 Eier
4 EL Crème fraîche
4 EL Harenga- oder Keta-Kaviar
3 EL frischer Schnittlauch, gehackt
schwarzer Pfeffer, frisch gemahlen
Salz

1 Den Ofen auf 200 °C vorheizen. Die Croissants ca. 5 Minuten backen, dann den Ofen ausschalten.

2 Die Butter in einer antihaftbeschichteten Bratpfanne schmelzen, dann den Pancetta oder den Speck hinzufügen. Bei starker Hitze knusprig anbraten. Aus der Pfanne nehmen, auf einen Teller legen und dann im Ofen mit den Croissants warm halten. Die Butter und das ausgelassene Fett in der Pfanne nochmals schonend aufwärmen.

3 Die Eier mit der Crème fraîche vermengen, mit Salz und Pfeffer würzen. Die Croissants halbieren und auf angewärmte Teller legen. Die Eier in die Pfanne geben und mit einem Holzlöffel durchrühren. Bei schwacher Hitze stocken lassen. Die Pfanne vom Herd nehmen.

4 Die Croissants mit Rührei füllen, den Kaviar darüberlöffeln und den Pancetta darauflegen. Danach mit gehacktem Schnittlauch bestreuen und servieren.

Energie 668 kcal/2860 kJ; Protein 27 g; Kohlenhydrate 31 g – davon 51 g Zucker; Fett 7,3 g – davon 25 g gesättigt; Cholesterin 578 mg; Kalzium 88 mg; Ballaststoffe 2 g; Natrium 1297 mg

Bacon-Champignon-Muffins

Diese köstlichen Muffins sind der perfekte Leckerbissen an einem Sonntagvormittag. Eine wundervolle Verbindung von süßem, salzig-scharfem und knusprigem Speck, Champignons und einem Spritzer von warmem Ahornsirup für einen ganz besonderen Brunch.

FÜR 8–9 GROSSE MUFFINS

225 g Mehl
2 ½ TL Backpulver
2 EL Olivenöl
100 g Butter
150 g Bacon
115 g Champignons, in dünne
  Scheiben geschnitten
2 Eier
200 ml Buttermilch
2 TL Ahornsirup
einige Scheiben durchwachsener
  Speck
Ahornsirup zum Beträufeln

1 Den Ofen auf 180 °C vorheizen. Die Mulden einer Muffinform leicht einfetten oder mit Papierbackförmchen auslegen.

2 Das Mehl und das Backpulver in eine große Schüssel sieben.

3 Das Öl und 25 g Butter in einer Pfanne erhitzen, den Bacon knusprig anbraten (ca. 4 Minuten). Die Pfanne vom Herd nehmen. Den Bacon in kleine Stücke schneiden, mit Folie abdecken und warm halten.

4 In derselben Pfanne die Pilze braten und beiseitestellen.

5 Die Eier aufschlagen und in einer kleinen Schüssel mit der Buttermilch und 75 g der geschmolzenen Butter vermischen. Die Masse zusammen mit dem Ahornsirup zu den trockenen Zutaten geben. Solange rühren, bis alles sorgfältig vermengt ist.

6 Den Bacon, die Champignons und den Bratensaft aus der Pfanne hinzufügen und verrühren.

7 Den Teig in die Mulden füllen und 25 Minuten backen, bis die Muffins aufgegangen sind und sich fest anfühlen. Etwas abkühlen lassen, dann die Muffins aus der Form lösen und auf ein Drahtgitter legen, damit sie vollständig abkühlen können. Die Muffins mit gebratenem Baconscheiben und Ahornsirup beträufelt servieren.

Energie 286 kcal/1197 kJ; Protein 7,5 g; Kohlenhydrate 29,4 g – davon 10,3 g Zucker; Fett 16,3 g – davon 8 g gesättigt; Cholesterin 78 mg; Kalzium 74 mg; Ballaststoffe 0,9 g; Natrium 399 mg

Speck-Brie-Dattel-Muffins

Die kräftigen Aromen von Speck und frischen Datteln sind eine fantastische Kombination. Durch die Zugabe von Brie werden diese kleinen Muffins zu etwas ganz Besonderem.

FÜR 24–28 MINI-MUFFINS

225 g Mehl

1 Prise Salz

2 TL Backpulver

2 TL Streuzucker (extrafein)

12 frische Datteln, entsteint

2 EL Olivenöl

1 EL Butter

12 Scheiben geräucherter, durchwachsener Speck

75 g Brie, gewürfelt

150 ml Milch

50 g Butter, geschmolzen

2 Eier, geschlagen

1 Den Ofen auf 180 °C vorheizen. Die Mulden eines Minimuffin-Backblechs leicht einfetten oder mit Papierbackförmchen auslegen.

2 Das Mehl, das Salz, das Backpulver und den Zucker in eine große Schüssel sieben und beiseitestellen.

3 Mit einem mit Mehl bestäubten Messer die Datteln in kleine Stückchen schneiden. Diese zu der Mehlmischung hinzufügen.

4 In einer Bratpfanne bei mittlerer Hitze das Öl und die Butter erwärmen und den Speck 4 Minuten darin braten, bis er knusprig ist.

5 Den Speck etwas abkühlen lassen, in kleine Stückchen schneiden und erneut in den warmen Bratensaft in der Pfanne geben. Abdecken und beiseitestellen.

6 Den Brie in die Milch geben und so gut wie möglich zerdrücken, dann zu den trockenen Zutaten geben und mit der geschmolzenen Butter, den Eiern, dem gebratenen Speck und dem Bratensaft aus der Pfanne vermischen.

7 Die Mulden oder Papierbackförmchen zu ¾ füllen. 18–20 Minuten backen, bis die Muffins aufgegangen und goldbraun sind.

8 5 Minuten ruhen und fest werden lassen, dann aus den Förmchen lösen und auf einem Drahtgitter etwas auskühlen lassen. Die Muffins servieren, solange sie noch warm sind oder in einem luftdichten Behälter aufbewahren (bis zu 3 Tage).

Energie 183 kcal/724 kJ; Protein 4,9 g; Kohlenhydrate 12,2 g – davon 0,6 g Zucker; Fett 11,96 g – davon 8,3 g gesättigt; Cholesterin 53 mg; Kalzium 99 mg; Ballaststoffe 0,8 g; Natrium 202 mg

Donuts mit Speck und Ahornsirup

Die Kombination von Herzhaftem mit Süßem ist immer spannend, besonders wenn der Leckerbissen dazu auch noch ziemlich salzig ist. Jeder, der schon einmal gebratenen Speck mit darüber geträufeltem Ahornsirup probiert hat, weiß, wie gut das schmeckt! Auch bei diesen Donuts funktioniert diese Kombination perfekt!

FÜR 12 STÜCK

4 Scheiben durchwachsener Speck
225 g Weizenmehl (Type 1050),
  etwas Mehl für die Arbeitsfläche
1 ½ TL Trockenbackhefe
1 EL Streuzucker (extrafein)
1 Prise Salz
65 g gekühlte Butter, gewürfelt
1 Ei, geschlagen
120 ml lauwarme Vollmilch
ca. 1 l Sonnenblumenöl
100 ml Ahornsirup

1 Die Speckscheiben braten, bis sie knusprig sind, dann fein schneiden und beiseitestellen.

2 Das Mehl mit der Hefe, dem Streuzucker und dem Salz in eine Schüssel sieben. Die Butter mit den Fingern in die Mehlmischung reiben. Das Ei und die Milch dazugeben und die Mischung kneten, bis alles vermengt ist.

3 Den Teig auf eine leicht bemehlte Arbeitsfläche legen und 10 Minuten kneten, bis er geschmeidig ist. Den Teig zu einer Kugel formen und zurück in die Schüssel legen. Mit Frischhaltefolie abdecken und an einem warmen Ort ca. 1 Stunde gehen lassen, bis er seine Größe verdoppelt hat.

4 Den Teig auf einer leicht bemehlten Arbeitsfläche ca. 1 cm dick ausrollen. Mit einer Donuts-Ausstechform

12 Ringe ausstechen und jeweils auf ein Stück Backpapier legen. Locker mit Frischhaltefolie abdecken und 30 Minuten ruhen lassen, bis die Donuts etwas aufgegangen sind. Das Öl in einer großen, tiefen Pfanne auf 170 °C erhitzen.

5 Die Donuts behutsam vom Backpapier ins heiße Öl gleiten lassen. Jeweils 3 auf einmal 30–60 Sekunden auf jeder Seite backen. Die Donuts mit einem Schaumlöffel aus dem Öl nehmen und auf Küchenpapier abtropfen lassen.

6 Für die Garnierung den Ahornsirup auf die leicht warmen Donuts träufeln und mit einem Pinsel gleichmäßig darauf verstreichen. Mit den fein geschnittenen Speckstückchen bestreuen und noch möglichst warm verzehren.

Energie 210 kcal/877 kJ; Protein 4,1 g; Kohlenhydrate 25 g – 11,3 g davon Zucker; Fett 11 g – davon 3 g gesättigt; Cholesterin 16 mg; Kalzium 37 mg; Ballaststoffe 0 g; Natrium 207 mg

Vorspeisen und leichte Gerichte

Speck kann als Hauptgericht serviert werden, kommt aber auch als eine aromatische Zutat gut zur Geltung. Mit seinen unwiderstehlichen salzigen, rauchigen oder süß gepökelten Aromen verleiht er einem Gericht eine ganz besondere Note. In diesem Kapitel gibt es für jeden etwas: von herzhaften Bauernsuppen und köstlichen Quiches und Pies bis hin zu anspruchsvollen Vorspeisen, die Lust auf mehr machen. Genauso gut eignet sich Speck als verführerisches Partyhäppchen. Bereits mit kleinen Mengen als Zutat kann man eine große Wirkung erzielen. Schnell und einfach lassen sich damit Pastagerichte und Gerichte zum Abendessen aufpeppen. Viele Rezepte können gut im Voraus vorbereitet werden, sodass sie servierbereit sind, wenn Sie einmal nur wenig Zeit haben.

Speckbouillon

Ein herzhaftes Mahl in einer Suppenschüssel: Die Schweinshaxe macht dieses Gericht besonders aromatisch, aber auch ziemlich salzig. Denken Sie also daran, es abzuschmecken und nur zusätzliches Salz zu verwenden, falls es wirklich nötig sein sollte.

FÜR 6 PERSONEN

1 Schweinshaxe, ca. 900 g

75 g Graupen

75 g Linsen

2 Stangen Lauch, in Ringe geschnitten

4 Karotten, geschält und gewürfelt

200 g Steckrüben, geschält und gewürfelt

3 Kartoffeln, geschält und gewürfelt

1 kleines Bund Kräuter (Thymian, Petersilie, Lorbeerblatt)

1 kleiner Kohl, geputzt, geviertelt und (nach Belieben) geschnitten

schwarzer Pfeffer, frisch gemahlen

Salz

Petersilie, gehackt

1 Die Schweinshaxe in kaltem Wasser über Nacht einweichen lassen. Das Wasser abgießen und die Haxe in einen großen Topf mit ausreichend frischem, kaltem Wasser geben, sodass die Haxe bedeckt ist. Zum Kochen bringen, dabei den aufsteigenden Schaum abschöpfen. Die Graupen und Linsen hinzufügen, erneut zum Kochen bringen und ca. 15 Minuten köcheln lassen.

2 Den Lauch, die Karotten, die Steckrüben und die Kartoffeln mit etwas Pfeffer würzen und mit dem Kräutersträußchen in den Topf geben. Das Ganze wieder zum Kochen bringen, die Hitze drosseln und alles 1½ Stunden köcheln lassen, bis das Fleisch zart ist.

3 Die Schweinshaxe mit einem Schaumlöffel herausnehmen. Die Haut entfernen, das Fleisch von den Knochen lösen und in mundgerechte Stückchen zerkleinern. Mit dem Kohl wieder in den Topf geben. Die Kräuter entfernen und alles noch etwas länger kochen, bis der Kohl gar ist.

4 Abschmecken und in große Schalen füllen. Mit Petersilie bestreuen und mit frisch gebackenem Brot servieren.

Tipp

Traditionell wird der Kohl geviertelt verarbeitet, er kann aber auf Wunsch auch geschnitten werden, wenn man keine großen Stücke mag.

Energie 306 kcal/1284 kJ; Protein 17,7 g; Kohlenhydrate 33,5 g – davon 8,3 g Zucker; Fett 12,1 g – davon 4,3 g gesättigt; Cholesterin 35 mg; Kalzium 74 mg; Ballaststoffe 4,6 g; Natrium 1,05 g

Erbsen-Speck-Suppe

Diese dickflüssige und wärmende Schälerbsensuppe ist eine gehaltvolle Vorspeise. Sie kann auch als selbstständige Mahlzeit mit knusprigem Brot serviert werden.

FÜR 6 PERSONEN

225 g gelbe Schälerbsen

25 g Graupen

1,75 l Gemüse- oder Schinkenbrühe

50 g geräucherter, durchwachsener Speck, gewürfelt

25 g Butter

1 Zwiebel, abgezogen und fein geschnitten

2 Knoblauchzehen, abgezogen und fein zerdrückt

225 g Sellerie, geschält und gewürfelt

1 EL frischer Majoran, geschnitten

schwarzer Pfeffer, frisch gemahlen

Salz

1 Die Erbsen und die Graupen in ein Sieb geben und unter kaltem, fließendem Wasser abspülen. In eine Schüssel füllen, mit ausreichend Wasser bedecken und über Nacht quellen lassen.

2 Am nächsten Tag abschütten und abtropfen lassen. In einen großen Topf geben, die Brühe dazugießen und zum Kochen bringen. Die Temperatur herunterschalten und 40 Minuten bei schwacher Hitze köcheln lassen.

3 Den gewürfelten Speck in einer Bratpfanne 5 Minuten braten, bis er gut angebräunt und knusprig ist. Dann mit einem Schaumlöffel herausnehmen, auf einen Teller geben

und beiseitestellen. Das Fett in der Pfanne aufheben.

4 Die Butter in die Bratpfanne geben, die Zwiebel und den Knoblauch hinzufügen und schonend 5 Minuten braten. Den Sellerie dazugeben und weitere 5 Minuten braten, bis die Zwiebel etwas gebräunt ist.

5 Das leicht angebratene Gemüse und den Speck in den Topf mit der Brühe, den Erbsen und den Graupen geben. Leicht mit Salz und Pfeffer würzen, dann abdecken und 20 Minuten köcheln lassen, bis die Suppe dickflüssig ist. Den Majoran hineinrühren, schwarzen Pfeffer zum Abschmecken hinzufügen und mit Brot servieren.

Energie 209 kcal/882 kJ; Protein 11 g; Kohlenhydrate 28 g – davon 2 g Zucker; Fett 7 g – davon 3 g gesättigt; Cholesterin 14 mg; Kalzium 22 mg; Ballaststoffe 4,6 g; Natrium 635 mg

Selleriesuppe mit Wirsing und Speck

Das starke Aroma von geräuchertem Speck passt wunderbar zu der Milde von Sellerie und eignet sich gut für eine exzellente Suppe. Diese schmeckt sehr gut, wenn sie mit einer saisonalen Gemüse-Speck-Mischung aufgepeppt wird.

FÜR 4 PERSONEN

50 g Butter
2 Zwiebeln, abgezogen und geschnitten
675 g Sellerie, geschält und grob gewürfelt
450 g Kartoffeln, geschält und grob gewürfelt
1,2 l Gemüsebrühe
150 ml Sahne
schwarzer Pfeffer, frisch gemahlen
Salz
1 Zweig frischer Thymian zum Garnieren

Für die Kohl-Speck-Garnierung

1 kleiner Wirsing
50 g Butter
175 g durchwachsener Speck ohne Schwarte, grob geschnitten
1 EL frischer Thymian, gehackt
1 EL frischer Rosmarin, gehackt

1 Die Butter in einem Kochtopf schmelzen. Die Zwiebeln hinzufügen und 4–5 Minuten braten, bis sie weich sind. Den Sellerie dazugeben. Das Gemüse mit einem angefeuchtetem Stück Backpapier abdecken, dann einen Deckel auf den Topf legen und 10 Minuten schonend köcheln lassen.

2 Das Papier entfernen, die Kartoffeln und die Brühe hineinrühren. Zum Kochen bringen, die Hitze reduzieren und 20 Minuten köcheln lassen, bis das Gemüse gar ist. Etwas abkühlen lassen. Mit einem Schaumlöffel ungefähr die Hälfte des Selleries und der Kartoffeln aus der Suppe nehmen und beiseitestellen.

3 Die Suppe in einer Küchenmaschine oder mit einem Pürierstab pürieren. Die Suppe zurück in den ausgespülten Topf schütten und das beiseitegestellte Gemüse dazugeben.

4 Die Kohl-Speck-Mischung vorbereiten. Die harten, äußeren Kohlblätter entfernen. Die restlichen Blätter grob in Stücke reißen, die harten Stängel entfernen und die Blätter in kochendem, gesalzenem Wasser 2–3 Minuten blanchieren. Unter kaltem, fließendem Wasser abschrecken und abtropfen lassen.

5 Die Butter in einer großen Bratpfanne schmelzen und den Speck darin 3–4 Minuten anbraten. Den Kohl, den Thymian und den Rosmarin hinzufügen und unter Rühren weitere 5–6 Minuten anbraten, bis alles zart ist. Mit Salz und Pfeffer würzen.

6 Die Sahne in die Suppe geben und gut würzen, dann erneut erhitzen, bis die Suppe heiß ist. In Schüsseln schöpfen und in die Mitte jeder Portion etwas von der Kohl-Speck-Mischung aufhäufen. Mit frischem Thymian garnieren.

Energie 462 kcal/1919 kJ; Protein 12,3 g; Kohlenhydrate 24,3 g – davon 7,3 g Zucker; Fett 35,8 g – davon 20,4 g gesättigt; Cholesterin 97 mg; Kalzium 144 mg; Ballaststoffe 4,3 g; Natrium 954 mg

Sauerkraut-Speck-Suppe

Sauerkraut ist überall in Ost- und Mitteleuropa verbreitet. In diesem köstlichen Rezept nehmen Sauerkraut und Gerste all das Aroma und das Fett des Specks auf und ergeben eine intensiv schmeckende Suppe.

FÜR 6 PERSONEN

10 g Butter
1 Zwiebel, abgezogen und geschnitten
200 g geräucherter Speck, gewürfelt
2 EL Gerste
500 g Sauerkraut
1½ TL süßes Paprikapulver
3–4 Salbeiblätter, fein geschnitten
60 ml saure Sahne
schwarzer Pfeffer, frisch gemahlen
Salz

1 Die Butter in einem großen Topf bei mittlerer Hitze schmelzen und die Zwiebel und den Speck hinzugeben. 2–3 Minuten schonend braten.

2 Die Gerste und das Sauerkraut hinzufügen und mit der Zwiebel und dem Speck vermischen. 5 Minuten kochen lassen, dabei gut durchrühren.

3 Mit dem Paprikapulver bestreuen, 1,5 Liter Wasser hinzufügen und zum Kochen bringen.

4 Bei mittlerer Hitze 20–30 Minuten köcheln lassen, ab und zu umrühren, dann mit Salz und Pfeffer abschmecken. Die dickflüssige Suppe mit Salbeiblättern und einem Löffel saurer Sahne garniert servieren.

Variationen

- Um eine fleischigere Suppe zu bekommen, geben Sie geräucherte Haxe oder einen Schinkenknochen dazu.
- Anstelle von Gerste kann die Suppe mit einer Mehlschwitze oder mit Kartoffeln sämig gemacht werden.

Energie 155 kcal/643 kJ; Protein 9 g; Kohlenhydrate 8 g – davon 3 g Zucker; Fett 10 g – davon 5 g gesättigt; Cholesterin 33 mg; Kalzium 62 mg; Ballaststoffe 0,7 g; Natrium 1086 mg

Engel zu Pferde

Mit Speck umwickelte Austern, serviert auf heißem, mit Butter betrichenem Brot oder Toast, sind ein britischer Klassiker, der bis ins 19. Jahrhundert zurückreicht – in eine Zeit, als Austern in Hülle und Fülle verfügbar und preisgünstiger erhältlich waren. Die kräftigen Aromen harmonieren perfekt und heutzutage wird dieses kleine Gericht als köstliche Vorspeise oder Appetithäppchen auf Partys serviert.

FÜR 4 PERSONEN
16 Austern ohne Schale
frischer Zitronensaft
8 Scheiben durchwachsener Speck
  ohne Schwarte
8 kleine Scheiben Brot
Butter zum Bestreichen
süßes Paprikapulver

1 Den Ofen auf 200 °C vorheizen. Die Austern mit etwas Zitronensaft beträufeln.

2 Die Speckscheiben auf einem Brett mit dem Messerrücken glätten und langziehen, dann die Scheiben quer halbieren. Ein Stück Speck um jede Auster wickeln und dann mit einem hölzernen Zahnstocher feststechen. Die umwickelten Austern auf einem Backblech anordnen.

3 Die Austern und den Speck im Ofen 8–10 Minuten backen, bis der Speck knusprig durchgebraten ist.

4 In der Zwischenzeit das Brot knusprig toasten. Wenn der Speck fertig ist, die Röllchen aus dem Backofen nehmen und den heißen Toast mit Butter bestreichen. Jeweils ein Röllchen auf ein Stück Brot legen. Nach Belieben mit etwas Paprika bestreuen und servieren.

Energie 326 kcal/1365 kJ; Protein 20,3 g; Kohlenhydrate 26,4 g – davon 1,4 g Zucker; Fett 16,2 g – davon 6,9 g gesättigt; Cholesterin 79 mg; Kalzium 147 mg; Ballaststoffe 0,8 g; Natrium 1483 mg

Teufel zu Pferde

Mit Speck umwickelte Backpflaumen sind ein beliebter Leckerbissen und eignen sich hervorragend als Vorspeise. Die Pflaumen werden manchmal mit Pastete, Oliven, Mandeln oder mit gepökelten Fleischstückchen gefüllt. Diese köstliche Kombination von leckeren süßen Pflaumen und knusprigem, salzigem Speck ist einzigartig. Sie können sie auf heißem, mit Butter bestrichenem Toast servieren.

FÜR 4 PERSONEN
16 Backpflaumen, entsteint
Frucht-Chutney (z. B. Mango)
8 Scheiben durchwachsener Speck
8 kleine Scheiben Brot
Butter zum Bestreichen

1 Den Ofen auf 200 °C vorheizen. Die Pflaumen leicht öffnen und mit einer kleinen Menge Frucht-Chutney füllen.

2 Die Speckscheiben auf einem Brett mit dem Messerrücken glätten und langziehen, dann die Scheiben quer halbieren. Ein Stück Speck um jede Pflaume wickeln und sie möglichst dicht auf einem Backblech anordnen. Wenn sie sich berühren, ist es

unwahrscheinlicher, dass sie während der Zubereitung auseinanderrollen.

3 Die Pflaumen und den Speck im Ofen 8–10 Minuten backen, bis der Speck knusprig ist.

4 In der Zwischenzeit das Brot toasten. Den heißen Toast mit Butter bestreichen, die mit Speck umwickelten Pflaumen darauflegen und servieren.

Energie 309 kcal/1303 kJ; Protein 14,7 g; Kohlenhydrate 41,7 g – davon 18,3 g Zucker; Fett 10,4 g – davon 3,5 g gesättigt; Cholesterin 30 mg; Kalzium 75 mg; Ballaststoffe 3,6 g, Natrium 1132 mg

Rindfleisch im Baconmantel auf Spießchen

In Nordvietnam steht Rindfleisch häufig auf der Speisekarte. Wird das Rindfleisch in Bacon eingewickelt, bleibt die Saftigkeit des Fleisches erhalten und es erhält ein besonderes Aroma. Durch geräucherten Speck bekommt das Fleisch einen etwas rauchigen Geschmack.

FÜR 4 PERSONEN

225 g Rinderfilet oder Rumpsteak
  (quer zur Faser in 12 Streifen
  geschnitten)
12 Scheiben Bacon
Nuoc Cham
4 Bambusspießchen (in Wasser
  getränkt)

Für die Marinade

1 EL Erdnussöl
2 EL Nuoc Cham
2 EL Sojasoße
4–6 Knoblauchzehen, abgezogen
  und zerdrückt
2 TL Zucker
schwarzer Pfeffer, frisch gemahlen

1 Alle Marinade-Zutaten in einer großen Schüssel vermischen, bis sich der Zucker aufgelöst hat. Kräftig mit Pfeffer würzen. Die Rindfleischstreifen hinzufügen, in Marinade tränken und ca. 1 Stunde beiseitestellen.

2 Eine Grillpfanne stark erhitzen. Jeden Rindfleischstreifen aufrollen und mit einer Scheibe Bacon umwickeln. Jeweils drei Röllchen auf ein Spießchen stecken.

3 Die mit Bacon umwickelten Röllchen 4–5 Minuten braten, bis der Speck goldbraun und knusprig ist. Dabei einmal wenden und sofort servieren. Dazu Nuoc Cham zum Dippen reichen.

Tipp

• Um zu verhindern, dass die Holzstäbchen verbrennen, tränken Sie diese vorher 24 Stunden in Wasser.

• Nuoc Cham ist eine vietnamesische süß-saure Soße zum Dippen, die für gewöhnlich aus Fischsoße, Chili, Limettensaft und Zucker hergestellt wird. Man findet sie in vielen asiatischen Gerichten.

Energie 279 kcal/1155 kJ; Protein 21,7 g; Kohlenhydrate 1 g – davon 1 g Zucker; Fett 21,3 g – davon 7,1 g gesättigt; Cholesterin 69 mg; Kalzium 6 mg; Ballaststoffe 0 g, Natrium 750 mg

Schweinefleisch- und Speck-Rillettes

Rillettes sind eine Art rustikale Pasteten. In diesem Rezept werden sie aus Schweinefleisch, Speck und Kräutern hergestellt. Sie können als Vorspeise, Snack oder leichter Hauptgang serviert werden.

FÜR 8 PERSONEN

1,8 kg Schweinebauch, gewürfelt (die Knochen aufheben)

450 g durchwachsener Speck ohne Schwarte, fein geschnitten

1 TL Salz

¼ TL schwarzer Pfeffer, gemahlen

4 Knoblauchzehen, abgezogen und fein geschnitten

2 Stängel frische Petersilie

1 Lorbeerblatt

2 Zweige frischer Thymian

1 Zweig frischer Salbei

300 ml Wasser

Für den Zwiebelsalat

1 kleine rote Zwiebel, abgezogen, halbiert und fein geschnitten

2 Frühlingszwiebeln, in Streifen geschnitten

2 Stängel Sellerie, in feine Streifen geschnitten

1 EL Zitronensaft

1 EL Olivenöl

schwarzer Pfeffer, frisch gemahlen

Tipp

Bitten Sie Ihren Metzger, die Knochen des Schweinebauchs zu entfernen, das Fleisch zu zerkleinern und Ihnen die Knochen zu überlassen. Sie verleihen den Rillettes ein exzellentes Aroma.

1 Das Fleisch, den Speck und das Salz in einer großen Schüssel vermengen. Die Schüssel abdecken und bei Raumtemperatur 30 Minuten ruhen lassen. Den Ofen auf 150 °C vorheizen. Den Pfeffer und den Knoblauch unterrühren. Die Kräuter zu einem Bouquet garni binden und dazugeben.

2 Die Fleischmischung in einer großen Bratenform verteilen und das Wasser hineingießen. Die Schweineknochen darauflegen und alles fest mit Folie abdecken. 3 ½ Stunden im Ofen garen.

3 Die Knochen und die Kräuter entfernen und die Fleischmischung über ein Metallsieb in eine große Schüssel geben. Die Flüssigkeit durch das Sieb abtropfen lassen, dann das Fleisch in eine flache Schüssel füllen. Wiederholen, bis das Fleisch komplett abgetropft ist. Die Flüssigkeit zurückbehalten. Mit zwei Gabeln das Fleisch in feine Stückchen zerteilen.

4 Eine Terrine oder eine tiefe, glatte Schüssel mit 1,5 Liter Fassungsvermögen mit Frischhaltefolie auslegen und das zerkleinerte Fleisch hineingeben. Die zurückbehaltene Flüssigkeit durch ein Sieb, das mit einem Mulltuch ausgekleidet ist, abseihen und über das Fleisch gießen. Abkühlen lassen. Abdecken und im Kühlschrank mindestens 24 Stunden ruhen lassen, bis die Rillettes fest geworden sind.

5 Für den Zwiebelsalat die verschiedenen Zwiebeln und den Sellerie in eine Schüssel geben. Den Zitronensaft und das Olivenöl hineingeben und das Gemüse leicht schwenken. Mit etwas Pfeffer würzen, aber kein Salz dazugeben, da die Rillettes bereits ziemlich salzig sind.

6 Die Rillettes in dicke Scheiben schneiden, mit etwas Zwiebelsalat und dicken Baguettescheiben auf Tellern anrichten und servieren.

347 kcal/1443 kJ; Protein 2 g; Kohlenhydrate 1 g – davon 27 g Zucker; Fett 27 g – davon 9 g gesättigt; Cholesterin 87 mg; Kalzium 23 mg; Ballaststoffe 1 g, Natrium 688 mg

Speckomelette mit Laverbread

Laverbread, ein Brotfladen aus Seetang und Haferflocken, mit Speck ist eine traditionelle, walisische Kombination. Der fleischige Speck ist das perfekte Pendant zu dem charakteristischen, salzigen Aroma des Seetangs.

FÜR 1 OMELETTE

1 Scheibe fettarmer Rückenspeck
Pflanzenöl
3 Eier
2 TL Butter
25 g Laverbread
schwarzer Pfeffer, frisch gemahlen
Salz

1 Den Speck braten, bis er knusprig ist und in Streifen schneiden. Beiseitestellen und warm halten.

2 Etwas Öl in einer Pfanne erhitzen und einige Minuten stehen lassen.

3 Die Eier aufschlagen und in eine große Schüssel geben. Mit Salz und Pfeffer würzen und die Eier verquirlen, bis Eigelb und Eiweiß gut miteinander vermischt sind.

4 Das Öl aus der Pfanne gießen und diese erneut erhitzen. Die Butter hinzugeben, die sofort anfangen sollte zu zischen. Wenn dies nicht der Fall ist, ist die Pfanne zu kalt, wenn die Butter anbrennt, ist die Pfanne zu heiß. Dann die Pfanne ausspülen, abtrocknen und es erneut versuchen.

5 Die verquirlten Eier in die Pfanne geben und die Mischung mit der Rückseite einer Gabel unter schnellen, kreisförmigen Bewegungen von außen in Richtung Pfannenmitte ziehen.

6 Wenn das Omelette zu stocken beginnt, den Speck und das Laverbread gleichmäßig auf eine Hälfte des Omelettes legen. Für weitere 30 Sekunden braten, dann die Pfanne vom Herd nehmen. Das Omelette zuklappen und 1–2 Minuten ruhen lassen. Auf einem angewärmten Teller möglichst heiß servieren.

Energie 355 kcal/1472 kJ; Protein 23,6 g; Kohlenhydrate 0,5 g – davon 0,4 g Zucker; Fett 29,2 g – davon 11,4 g gesättigt; Cholesterin 605 mg; Kalzium 131 mg; Ballaststoffe 0,5 g, Natrium 691 mg

Mini-Pies mit Ei und Speck

Speck macht diese leckeren, kleinen Pies besonders schmackhaft und hält die Füllung feucht. Sie können bereits einen Tag im Voraus zubereitet werden. Für ein sommerliches Picknick oder ein Lunchpaket sind sie immer eine gute Wahl.

FÜR 12 PIES

2 TL Sonnenblumenöl

1 Zwiebel, abgezogen und geschnitten

225 g Schweinefleisch, grob geschnitten

115 g gegarter Speck, fein gewürfelt

3 EL gemischte frische Kräuter, gehackt

6 Eier, hartgekocht und halbiert

1 Eigelb, geschlagen

20 g Aspikpulver

300 ml kochend heißes Wasser

schwarzer Pfeffer, frisch gemahlen

Salz

Für den Teig

450 g Mehl

115 g ungehärtetes Pflanzenfett oder Schweineschmalz

275 ml Wasser

1 Den Ofen auf 200 °C vorheizen. Für den Teig das Mehl in eine Schüssel sieben und eine Prise Salz sowie etwas Pfeffer hinzufügen. Das Fett oder das Schmalz und das Wasser in einer großen Pfanne langsam erwärmen, bis es geschmolzen ist. Dann die Hitze erhöhen und die Mischung zum Kochen bringen.

2 Die Pfanne vom Herd nehmen und das Wasser in das Mehl einrühren. Die Mischung zu einem glatten Teig verarbeiten, dabei aufpassen, da der Teig sehr heiß ist. Den fertigen Teig in der Schüssel abdecken und beiseitestellen.

3 Das Öl in einer Bratpfanne erhitzen, die Zwiebel hinzufügen und glasig braten. Das Schweinefleisch und den Speck hineinrühren und alles bräunen. Vom Herd nehmen und die Kräuter dazugeben. Mit Salz und Pfeffer würzen.

4 ²/₃ des Teiges auf einer leicht bemehlten Arbeitsfläche ausrollen. Mit einem runden Ausstecher (Ø 12 cm) Kreise ausstechen und damit 12 Muffinförmchen auslegen. Etwas Fleischmischung in jeden Pie geben, dann ein halbes Ei hineinlegen und mit Fleisch bedecken.

5 Den restlichen Teig ausrollen und mit einem runden Ausstecher (Ø 7,5 cm) Deckel für die Pies ausstechen. Die Ränder anfeuchten und dann die Deckel auflegen. Die Ränder zusammendrücken, um die Pies zu verschließen. Mit Eigelb bepinseln und in jeden Pie ein kleines Loch stechen, damit der Dampf entweichen kann. 30–35 Minuten backen, danach die Pies 15 Minuten abkühlen lassen. Auf einem Drahtgitter vollständig auskühlen lassen.

6 In der Zwischenzeit das Aspikpulver in das kochend heiße Wasser rühren und darin auflösen. Aus einem Stück Alufolie einen kleinen Trichter formen und die Pies mit Aspik füllen. Abkühlen und fest werden lassen. Bis zu 24 Stunden ruhen lassen, dann servieren.

Energie 311 kcal/1302 kJ; Protein 12,1 g; Kohlenhydrate 30,4 g – davon 1,6 g Zucker; Fett 16,4 g – davon 5,5 g gesättigt; Cholesterin 135 mg; Kalzium 77 mg; Ballaststoffe 1,5 g; Natrium 74 mg

Speck-Kräuter-Rösti

Außen knusprig, innen weich und zart – diese traditionellen Schweizer Kartoffelpuffer sind überall sehr beliebt und schmecken sogar noch besser, wenn man sie mit Speck zubereitet.

FÜR 4 PERSONEN

450 g Kartoffeln

2 EL Olivenöl

1 rote Zwiebel, abgezogen und fein geschnitten

4 Scheiben fettarmer Rückenspeck ohne Schwarte, gewürfelt

1 EL Kartoffelmehl

2 EL gemischte frische Kräuter, gehackt

schwarzer Pfeffer, frisch gemahlen

Salz

frische Petersilie zum Garnieren

1 Ein Backblech leicht einfetten. Die Kartoffeln ca. 6 Minuten in Salzwasser kochen, abtropfen lassen und beiseitestellen, damit sie etwas abkühlen können.

2 Die Kartoffeln pellen und grob in eine Schüssel reiben, dann beiseitestellen.

3 1 EL Öl in einer Bratpfanne erhitzen, die Zwiebel und den Speck hineingeben und bei niedriger Hitzezufuhr 5 Minuten braten, dabei gelegentlich umrühren. Den Backofen auf 220 °C vorheizen.

4 Die Pfanne vom Herd nehmen. Die Speckmischung, das restliche Öl, das Kartoffelmehl und die Kräuter unter die geriebenen Kartoffeln rühren. Mit Salz und Pfeffer würzen und alles gut vermischen.

5 Die Mischung in 8 kleine Portionen teilen und auf das vorbereitete Backblech geben, dabei etwas Platz zwischen den Puffern lassen.

6 20–25 Minuten im Ofen backen, bis die Rösti knusprig und goldbraun sind. Aus dem Ofen nehmen und mit Petersilienzweigen garnieren, sofort servieren.

Energie 245 kcal/1025 kJ; Protein 10,7 g; Kohlenhydrate 23,6 g – davon 1,8 g Zucker; Fett 12,6 g – davon 2,9 g gesättigt; Ballaststoffe 2,6 g, Natrium 572 mg

Belegtes Brot mit Apfel und Speck

Diese klassische Kombination aus süßen Äpfeln und Zwiebeln, vermischt mit knusprigem, salzigem Speck ist zwar überaus reichhaltig, aber geschmacklich äußerst überzeugend.

FÜR 4 PERSONEN

8 Scheiben ungeräucherter Rückenspeck
1 Zwiebel, abgezogen und fein geschnitten
2 festfleischige Äpfel, geschält und geschnitten
2 große Scheiben Roggenbrot
25 g weiche, gesalzene Butter
2 Blätter Kopfsalat
frische Petersilie zum Garnieren

1 Den Speck in einer Pfanne bei mittlerer Hitze braten, bis er knusprig ist. Herausnehmen, auf Küchenpapier abtropfen lassen, dabei das Fett in der Pfanne lassen.

2 Die fein geschnittenen Zwiebeln in dem Speckfett ca. 5–7 Minuten braten, bis sie glasig, aber nicht angebräunt sind. Die geschnittenen Äpfel hinzufügen und alles weitere 5 Minuten braten, bis die Äpfel und die Zwiebel weich sind.

3 Die Hälfte des Specks in die Apfelmischung bröckeln.

4 Die Brotscheiben bis zu den Rändern mit Butter bestreichen, die Salatblätter darauflegen und jede Brotscheibe einmal halbieren. Die Apfel-Speck-Mischung auf den Salat geben und alles gleichmäßig auf den Brotscheiben verteilen.

5 Die 4 restlichen Speckscheiben jeweils in Hälften brechen und 2 Stückchen auf jedes belegte Brot legen. Mit den Petersilienzweigen garnieren und das Brot möglichst noch warm servieren.

Energie 215 kcal/895 kJ; Protein 9,8 g; Kohlenhydrate 13,9 g – davon 8 g Zucker; Fett 13,7 g – davon 6,4 g gesättigt; Cholesterin 40 mg; Kalzium 21 mg; Ballaststoffe 2 g, Natrium 883 mg

Spaghetti mit Eiern, Speck und Crème fraîche

Würziger Pancetta ist eine Hauptzutat in diesem beliebten italienischen Pastagericht. Es ist leicht zuzubereiten und ein überzeugendes Last-Minute-Abendessen.

FÜR 4 PERSONEN

2 EL Olivenöl

1 kleine Zwiebel, abgezogen und fein geschnitten

1 große Knoblauchzehe, abgezogen und zerdrückt

8 Scheiben Pancetta oder geräucherter, durchwachsener Speck ohne Schwarte, in 1 cm große Streifen geschnitten

350 g Spaghetti

4 Eier

90–120 ml Crème fraîche

4 EL Parmesan, frisch gerieben, außerdem etwas Parmesankäse zum Servieren

schwarzer Pfeffer, frisch gemahlen

Salz

1 Das Öl in einem großen Topf erhitzen, die Zwiebel und den Knoblauch hineingeben und ca. 5 Minuten glasig braten. Den Speck hinzufügen und unter Rühren 10 Minuten braten.

2 In der Zwischenzeit die Spaghetti in einem großen Topf in Salzwasser nach Packungsanweisung kochen, bis sie al dente sind.

3 Die Eier, die Crème fraîche und den geriebenen Parmesan in eine Schüssel geben. Kräftig mit Pfeffer würzen und alles gut vermengen.

4 Die Pasta sorgfältig abtropfen lassen, danach in den Topf mit der Speckmischung geben und alles sorgfältig vermengen. Den Herd ausschalten, dann sofort die Ei-Mischung über die Nudeln geben und alles gründlich verrühren.

5 Die Pasta nach Belieben mit Salz und Pfeffer würzen. Auf 4 Teller verteilen und nochmals mit etwas Pfeffer bestreuen. Mit reichlich frisch geriebenem Parmesan servieren. Noch weiteren frisch gemahlenen Parmesan dazureichen.

Energie 708 kcal/2966 kJ; Protein 30,7 g; Kohlenhydrate 66,6 g – davon 4,2 g Zucker; Fett 37,5 g – davon 15,5 g gesättigt; Cholesterin 261 mg; Kalzium 250 mg; Ballaststoffe 2,8 g, Natrium 824 mg

Tagliatelle mit Speck und Radicchio

Die kräftigen Aromen von Speck und Radicchio werden in diesem fabelhaften, schmackhaften, italienischen Gericht durch die Sahne abgemildert. Es ist eine exzellente Vorspeise für eine Dinner-Party.

FÜR 4 PERSONEN

225 g Tagliatelle
8 Scheiben Pancetta oder durchwachsener Speck ohne Schwarte, gewürfelt
25 g Butter
1 Zwiebel, abgezogen und fein geschnitten
1 Knoblauchzehe, abgezogen und zerdrückt
1 Kopf Radicchio (ca. 115–175 g), fein zerpflückt
150 ml Crème double
50 g Parmesan, frisch gerieben
schwarzer Pfeffer, frisch gemahlen
Salz

1 Die Tagliatelle gemäß Packungsanweisung solange kochen, bis sie al dente ist.

2 In der Zwischenzeit den Speck in eine mittelgroße Pfanne geben und langsam erhitzen, bis das Fett austritt. Die Hitze etwas erhöhen und den Speck 5 Minuten unter Rühren kurz anbraten.

3 Die Butter, die Zwiebel und den Knoblauch in die Pfanne geben und unter Rühren weitere 5 Minuten braten. Den Radiccio dazugeben und 1–2 Minuten in der Pfanne schwenken, bis er zusammenfällt.

4 Die Crème double dazugießen und den geriebenen Parmesan hinzufügen. Mit Salz und Pfeffer abschmecken.

1–2 Minuten rühren, bis die Crème Blasen wirft und die Zutaten gleichmäßig vermengt sind. Die Soße abschmecken.

5 Die Tagliatelle abtropfen lassen, danach in eine angewärmte Schüssel geben. Die Soße über die Pasta gießen und alles gut vermischen. Auf Teller verteilen und sofort servieren.

Energie 543 kcal/2264 kJ; Protein 15,7 g; Kohlenhydrate 44 g – davon 3,9 g Zucker; Fett 35 g – davon 20 g gesättigt; Cholesterin 89 mg; Kalzium 197 mg; Ballaststoffe 2,1 g; Natrium 422 mg

Nudeln und Speck

Dieses köstliche Teigwarengericht ist in Ungarn unter dem Namen „Galuska" bekannt und sehr beliebt. Es wird traditionell mit knusprig gebratenem Speck kombiniert und ist eine leichte Mahlzeit. Servieren Sie es nach Belieben mit grünem Salat.

FÜR 6 PERSONEN

2 Eier
1 TL Salz
200 ml Wasser
ca. 300 g Mehl
3 EL frische gemischte Kräuter
 (z. B. Petersilie, Estragon, Thymian
 und Rosmarin), fein geschnitten
200 g geräucherter Speck, gewürfelt
2 EL Pflanzenöl
etwas geschmolzene Butter

1 Die Eier aufschlagen und mit dem Salz und dem Wasser vermengen. Etwas Mehl hinzugeben und alles zu einer glatten und dicken Mischung verarbeiten, dann das restliche Mehl hinzufügen und mit einem Kochlöffel glatt schlagen, bis der Teig schön geschmeidig ist.

2 Die Kräuter hinzufügen und alles gut vermengen. Falls notwendig, noch etwas Mehl dazugeben, bis sich der Teig von den Seiten der Schüssel löst.

3 Den Teig auf eine Platte legen und mit einem Teelöffel Nudeln abstechen, die ca. 2,5 cm lang und so breit wie ein Bleistift sind. Die Nudeln in einen Topf mit kochendem Wasser geben. Alternativ kann der Teig durch eine Spätzlepresse direkt in das kochende Wasser gedrückt werden. Kochen, bis die Nudeln an die Wasseroberfläche steigen, dann in ein Sieb schütten und abtropfen lassen.

4 In der Zwischenzeit den gewürfelten Speck in einer antihaftbeschichteten Pfanne im Öl anschwitzen, bis er goldbraun und knusprig ist. Die heißen Nudeln auf Teller verteilen, mit etwas geschmolzener Butter und mit knusprigem Speck bestreuen und servieren.

Energie 337 kcal/1514 kJ; Protein 13 g; Kohlenhydrate 39 g – davon 1 g Zucker; Fett 16 g – davon 5 g gesättigt; Cholesterin 102 mg; Kalzium 99 mg; Ballaststoffe 2,4 g; Natrium 626 mg

Quiche Lorraine

Dieses köstliche Quiche-Rezept hat einige sehr traditionelle Merkmale, z. B. einen sehr dünnen Teig, eine cremig-leichte eihaltige Füllung und appetitlichen, geräucherten Speck.

FÜR 4–6 PERSONEN

175 g Mehl, gesiebt

1 Prise Salz

115 g Butter, weitere 25 g zum
   Servieren

3 Eier

3 Eigelb

6 Scheiben geräucherter, durchwachsener Speck ohne Schwarte

300 ml Crème double

schwarzer Pfeffer, frisch gemahlen

Salz

1 Das Mehl, das Salz, die Butter und 1 Eigelb in eine Küchenmaschine geben und gut vermengen. Den Teig auf eine leicht bemehlte Arbeitsfläche legen und aus der Mischung eine Kugel formen. Diese an einem kühlen Ort 20 Minuten ruhen lassen.

2 Den Ofen auf 200 °C vorheizen. Eine Obstkuchenform (Ø 20 cm) leicht bemehlen und auf ein Backblech stellen. Den Teig ausrollen und damit die Form auslegen, darüberhängende Stücke abschneiden. Den Teig vorsichtig festdrücken. Noch einmal 20 Minuten ruhen lassen.

3 In der Zwischenzeit den Speck in dünne Streifen schneiden und unter dem Backofengrill erhitzen, bis das Fett zerläuft. Den Speck auf den Teigboden geben. Die Crème double, die verbliebenen Eier, die Eigelbe und die Gewürze vermengen und alles auf den Teigboden gießen.

4 15 Minuten backen, dann die Temperatur auf 180 °C herunterschalten und weitere 15–20 Minuten backen. Wenn die Füllung aufgegangen und goldbraun ist und die Teigränder knusprig sind, die Quiche aus dem Ofen nehmen und mit Butterflöckchen bestreuen. Die Quiche vor dem Servieren 5 Minuten abkühlen lassen.

Energie 670 kcal/2775 kJ; Protein 13 g; Kohlenhydrate 23,7 g – davon 1,4 g Zucker; Fett 58,9 g – davon 32,9 g gesättigt; Cholesterin 302 mg; Kalzium 94 mg; Ballaststoffe 0,9 g; Natrium 611 mg

Speck-Ei-Pastete

Dieser Pie eignet sich perfekt für ein Mittagessen im Freien oder ein Familienpicknick. Er ist reichlich gefüllt mit saftigem, geräuchertem Speck, würzigen Zwiebeln und gehaltvollen Eiern.

FÜR 6 PERSONEN

2 EL Sonnenblumenöl
4 Scheiben geräucherter Speck, in 4 cm große Stücke geschnitten
1 kleine Zwiebel, abgezogen und fein geschnitten
5 Eier
1 ½ EL frische Petersilie, gehackt
schwarzer Pfeffer, frisch gemahlen
Salz
etwas Milch zum Glasieren

Für den Teig

350 g Mehl
1 Prise Salz
115 g Butter, gewürfelt, etwas Butter für die Form
50 g Schweineschmalz
5–6 EL kaltes Wasser

1 Für den Teig das Mehl und das Salz in eine große Schüssel sieben, die Butter und das Schmalz hineinschneiden und daraus eine krümelige Mischung herstellen. Den Großteil des Wassers darüberträufeln und alles zu einem geschmeidigen Teig vermengen. Falls nötig, noch etwas Wasser hinzufügen. Den Teig kneten, bis er glatt ist, dann in Klarsichtfolie einwickeln und 30 Minuten ruhen lassen.

2 Eine Obstkuchen- oder Quicheform (Ø 20 cm) mit Butter bestreichen. ⅔ des Teiges ausrollen und damit die Form auslegen. Den Teigboden abdecken. Ca. 30 Minuten ruhen lassen.

3 Den Ofen auf 200 °C vorheizen. Das Öl in der Pfanne erhitzen, den Speck hineingeben und ein paar Minuten braten. Dann die Zwiebelstücke dazugeben und mitbraten, bis sie weich sind. Auf Küchenpapier geben, abtropfen und danach abkühlen lassen.

4 Den Teigboden mit der Speckmischung bedecken, dann die Eier aufschlagen und über den Speck geben. Die Backform kippen, sodass die Eiweiße zusammenfließen. Die Eier mit der Petersilie, etwas Salz und viel schwarzem Pfeffer bestreuen. Ein Backblech in den Ofen schieben.

5 Den restlichen Teig ausrollen und über den Pie legen. Mit einem Nudelholz über die Oberfläche rollen, um die Ränder zu verschließen, den überschüssigen Teig entfernen. Vorsichtig mit einem scharfen Messer geschwungene Linien von der Mitte des Deckels bis 2 cm vor den Rand schneiden.

6 Den Pie mit Milch bepinseln und auf das heiße Backblech stellen. 10 Minuten backen, dann die Temperatur auf 180 °C herunterdrehen und weitere 20 Minuten backen. Einige Minuten abkühlen lassen, dann schneiden und servieren.

Energie 202 kcal/843 kJ; Protein 13,4 g; Kohlenhydrate 9,7 g – davon 4,4 g Zucker; Fett 12,5 g – davon 4,2 g gesättigt; Cholesterin 149 mg; Kalzium 125 mg; Ballaststoffe 1,1 g; Natrium 592 mg

Lauch-Speck-Tarte

Speck und Lauch sind eine wunderbare Geschmackskombination in dieser wandlungsfähigen Tarte. Sie ist eine köstliche, pikante Vorspeise, kann aber auch als Hauptgericht serviert werden – mit einem gemischten Blattsalat als leichtes Mittag- oder Abendessen.

FÜR 6–8 TÖRTCHEN

275 g Mehl
1 Prise Salz
175 g Butter
2 Eigelb
3 EL kaltes Wasser
grüne Salatblätter zum Garnieren

Für die Füllung

225 g durchwachsener Speck,
   gewürfelt
4 Stangen Lauch, geschnitten
6 Eier
115 g Frischkäse
1 EL süßer Senf
1 Prise Cayennepfeffer
schwarzer Pfeffer, frisch gemahlen
Salz

1 Das Mehl und das Salz in eine Schüssel sieben, die Butter in Stücke dazugeben und alles fein verkrümeln. Die Eigelbe und soviel Wasser hinzufügen, dass sich der Teig gut verkneten lässt. Alternativ kann eine Küchenmaschine verwendet werden. Den Teig in Frischhaltefolie wickeln und ca. 30 Minuten in den Kühlschrank legen.

2 In der Zwischenzeit den Ofen auf 200 °C vorheizen. Den Teig dünn ausrollen und damit 6–8 Törtchenformen oder eine große Tarteform (Ø 28 cm) auslegen. Eventuell entstandene Luftblasen entfernen und den Teigboden mit einer Gabel einstechen. Den Teig locker mit Backpapier auslegen und mit Hülsenfrüchten 15–20 Minuten blind backen, bis er goldbraun ist.

3 Für die Füllung den Speck in einer heißen Pfanne knusprig braten. Den Lauch hinzufügen und 3–4 Minuten weiter braten, bis er weich ist. Vom Herd nehmen. Die Eier in einer Schüssel aufschlagen, den Frischkäse, den Senf und den Cayennepfeffer dazugeben. Mit Salz und Pfeffer würzen, dann den Lauch und den Speck hinzugeben und alles verrühren.

4 Das Backpapier und die Hülsenfrüchte entfernen, die Füllung hineingeben und 35–40 Minuten im Ofen backen.

5 Die Törtchen auf Teller legen oder die Tarte in schmale Stücke schneiden und noch warm mit einer kleinen Salatgarnitur servieren.

Energie 487 kcal/2026 kJ; Protein 15,4 g; Kohlenhydrate 28,2 g – davon 1,6 g Zucker; Fett 35,7 g – davon 19,1 g gesättigt; Cholesterin 265 mg; Kalzium 107 mg; Ballaststoffe 2,1 g; Natrium 681 mg

Fisch und Meeres- früchte

Die Kombination von Speck mit Fisch und Meeresfrüchten kann einer Offenbarung gleichkommen. Speck unterstreicht das Aroma von saftigem Fisch und Meeresfrüchten, ohne es zu übertünchen und funktioniert als wunderbarer Kontrast zur Saftigkeit von Muscheln und Weißfisch – aber auch gegenüber dem kräftigen Geschmack von geräuchertem Schellfisch oder salzigem Hering kann er sich behaupten. Die Vielseitigkeit des Specks kommt hier auch als schmackhafte Umhüllung von Fischfilets mit knuspriger Semmelbrösel-Füllung oder von gegrillten Aal-Stückchen mit Zitronengras und Ingwer zum Ausdruck.

Geräucherter Schellfisch mit Speck

Dies ist eine klassische Kombination: Der rauchige Geschmack des Fischs passt gut zum kräftigen Speckaroma und wird durch die cremige Soße hervorragend ergänzt.

FÜR 4 PERSONEN
25 g Butter
4 geräucherte Schellfischfilets
8 Scheiben fettarmer Rückenspeck
120 ml Crème double
schwarzer Pfeffer, frisch gemahlen
frischer Schnittlauch, geschnitten,
   zum Garnieren

braten, einmal wenden. Wenn die Filets gar sind, diese in eine große ofenfeste Schüssel legen und mit einem Deckel abdecken. Den Bratensaft aufbewahren.

3 Den Speck im Ofen knusprig grillen, dabei einmal wenden. Herausnehmen und den Ofen anlassen.

1 Den Backofengrill vorheizen. Die Butter in einer Bratpfanne bei niedriger Hitze schmelzen.

2 Die Fischfilets in die Pfanne geben, wenn nötig auf zwei Mal verteilt braten, dabei jedoch schonend zubereiten. Auf jeder Seite 3 Minuten

4 Für die cremige Soße die Bratpfanne zurück auf den Herd stellen und die Crème double in den Bratensaft gießen. Zum Kochen bringen, dann kurz köcheln lassen und gelegentlich umrühren. Nach Geschmack mit Pfeffer würzen.

5 In der Zwischenzeit 2 Speckscheiben auf jedes Fischfilet legen und die ofenfeste Schüssel kurz unter den Backofengrill stellen. Herausnehmen und die heiße, cremige Soße darübergießen. Mit frischem Schnittlauch garnieren und sofort servieren.

Variante

Dieses Gericht kann zusätzlich mit Blattspinat verfeinert werden. Dazu eine Handvoll pro Person gründlich waschen, den Spinat 3 Minuten in kochendes Wasser geben, gut abtropfen lassen und die mit Speckstreifen belegten Fischfilets damit belegen.

Energie 391 kcal/1624 kJ; Protein 28,8 g; Kohlenhydrate 0,5 g – davon 0,5 g Zucker; Fett 30,5 g – davon 16,5 g gesättigt; Cholesterin 119 mg; Kalzium 40 mg; Ballaststoffe 0 g; Natrium 1671 mg

Makrelen mit nussiger Speckfüllung

Geräucherter Speck als Bestandteil einer nussigen Füllung ist der perfekte Kontrast zum Geschmack von Makrelen. In diesem Rezept werden die Makrelen gefüllt, mit Raffiabast umwickelt und dann gegrillt. Sie schmecken auch kalt und können bereits am Vortag zubereitet werden. Dazu passen Meerrettich-Mayonnaise und etwas pfeffriger Rucola.

FÜR 6 PERSONEN

3 EL Olivenöl

2 Zwiebeln, abgezogen und fein geschnitten

2 Knoblauchzehen, abgezogen und zerdrückt

6 Scheiben geräucherter Speck ohne Schwarte, gewürfelt

50 g Pinienkerne

3 EL frischer Majoran, gehackt

6 ganze Makrelen (ca. 300 g), geputzt und ausgenommen

schwarzer Pfeffer, frisch gemahlen

Salz

Zitronenspalten

Raffiabast (in Wasser eingeweicht)

1 Das Öl in einer großen Bratpfanne erhitzen und die Zwiebeln und den Knoblauch bei mittlerer Hitze 5 Minuten anschwitzen. Die Hitze erhöhen und den Speck sowie die Pinienkerne hinzufügen. Weitere 5–7 Minuten braten, gelegentlich umrühren, bis alles leicht gebräunt ist. In eine Schüssel geben und abkühlen lassen. Vorsichtig den Majoran unterheben, leicht würzen, abdecken und ruhen lassen.

2 Um jeden Fisch zuzubereiten, in die Wirbelsäule am Ende des Kopfes schneiden. Die Aushöhlung bis zum Schwanzende vergrößern, sodass die Wirbelsäule leichter zu fassen ist. Den Fisch herumdrehen, fest entlang der gesamten Länge der Wirbelsäule drücken, um diese zu lösen. In den Knochen am Schwanzende schneiden, dann lässt er sich überraschend leicht herausnehmen. Die Innenseite leicht würzen.

3 Die Makrelen mit etwas Zwiebelmischung füllen und mit Raffiabast umwickeln. Die Fische zwischen 15 Minuten und 2 Stunden ruhen lassen. Ca. 15 Minuten vor dem Grillen auf Raumtemperatur bringen.

4 Den Grill vorbereiten. Sobald die Glut heiß zu werden beginnt, einen leicht eingeölten Grillrost zum Aufheizen über die Kohlen stellen. Wenn die Kohlen heiß sind, die Makrelen auf den Grillrost legen und ca. 8 Minuten auf jeder Seite braten, bis sie gar und goldbraun sind. Wenn der Grill einen Deckel hat, diesen auflegen. Dadurch bekommen die Fische eine gleichmäßige goldene Färbung. Die Makrelen mit Pfeffer würzen und mit Zitronenspalten servieren.

Energie 645 kcal/2674 kJ; Protein 44 g; Kohlenhydrate 4 g – davon 3 g Zucker; Fett 50 g – davon 10 g gesättigt; Cholesterin 125 mg; Kalzium 37 mg; Ballaststoffe 1 g; Natrium 494 mg

Jakobsmuscheln mit Speck und Salbei

Jakobsmuscheln und Speck sind eine traditionelle Kombination in der schottischen und englischen Küche. Der durchwachsene Speck gleicht perfekt die leichte Süße der Muscheln aus.

FÜR 4 PERSONEN ALS VORSPEISE (2 PERSONEN ALS HAUPTGANG)

1 EL Olivenöl

4 Scheiben durchwachsener Speck, in 2,5 cm große Streifen geschnitten

2–3 frische Salbeiblätter, geschnitten

1 kleines Stück Butter

8 große oder 16 kleine Jakobsmuscheln

1 EL Zitronensaft

100 ml Apfelwein oder trockener Weißwein

Zitronenspalten

1 Eine Bratpfanne erhitzen und das Öl, den Speck und den Salbei hineingeben. Vorsichtig unter gelegentlichem Umrühren braten, bis der Speck goldbraun ist. Herausnehmen und warm halten.

2 Die Butter in die Pfanne geben. Sobald sie heiß ist, die Muscheln dazugeben. Ca. 1 Minute auf jeder Seite braten, bis sie angebräunt sind. Herausnehmen und mit dem Speck warm halten.

3 Den Zitronensaft und den Wein in die Pfanne geben, die Rückstände vom Pfannenrand kratzen und alles zum Kochen bringen. Die Soße langsam weiterköcheln lassen, bis sie sirupartig eingedickt ist.

4 Die Soße über die Muscheln und den Speck träufeln und mit Zitronenspalten servieren.

Energie 179 kcal/745 kJ; Protein 15,6 g; Kohlenhydrate 1,9 g – davon 0,2 g Zucker; Fett 10,4 g – davon 3,3 g gesättigt; Cholesterin 42 mg; Kalzium 19 mg; Ballaststoffe 0 g; Natrium 414 mg

Prinzessmuscheln mit geräuchertem Speck

Dieses Rezept greift auf die klassische Kombination von Muscheln mit Speck zurück, jedoch werden hier Prinzessmuscheln verwendet, die mit wohlschmeckendem, gepökeltem Speck zubereitet werden.

FÜR 4 PERSONEN

6 Scheiben geräucherter, durchwachsener Speck, in dünne Streifen geschnitten
1 TL gemahlene Kurkuma
28 Prinzessmuscheln
1 Stängel frische Petersilie
1 Zweig Thymian
1 Lorbeerblatt
6 schwarze Pfefferkörner
150 ml trockener Weißwein
75 ml Crème double
2 EL Schnittlauch, gehackt, zum Garnieren

1 Eine Pfanne mit einem möglichst fest aufliegenden Deckel benutzen. Den Speck in seinem eigenen Fett in der abgedeckten Pfanne braten, bis er gar und knusprig ist. Den Speck aus der Pfanne nehmen und beiseitestellen.

2 Die Hitze reduzieren, die Kurkuma in den Speckbratsaft rühren und 1–2 Minuten sanft erhitzen, dabei immer wieder durchrühren.

3 Die Muscheln mit den Kräutern und den Pfefferkörnern dazugeben. Den Wein angießen und den Deckel auf die Pfanne legen. Die Muscheln brauchen nur wenige Minuten, bis sie gar sind. Um zu überprüfen, ob sie weich sind, mit einem scharfen Messer in eine dicke Muschel stechen. Die gegarten Muscheln aus der Pfanne nehmen und warm halten.

4 Die Kräuter entfernen, die Crème double einrühren, die Hitze erhöhen und die Soße köcheln lassen. Sollte die Soße zu dickflüssig sein, etwas Wasser hinzufügen.

5 Die Muscheln mit der Soße auf angewärmten Tellern servieren. Mit dem knusprigen Speck bestreuen und mit Schnittlauch garnieren.

Energie 353 kcal/1476 kJ; Protein 36,5 g; Kohlenhydrate 4,8 g – davon 0,5 g Zucker; Fett 18,4 g – davon 9,1 g gesättigt; Cholesterin 106 mg; Kalzium 51 mg; Ballaststoffe 0 g; Natrium 904 mg

Forelle mit Speck

Wenn man Forelle mit fetthaltigem Speck umwickelt, bleibt sie saftig und das Aroma wird intensiver – vor allem bei Zuchtfisch. Wenn Sie Glück haben und wilde Forelle bekommen, werden Sie die geschmackliche Kombination von Forelle mit Speck und Lauch zu schätzen wissen. Bei diesem traditionellen Gericht sollte man trocken gepökelten Speck verwenden.

FÜR 4 PERSONEN

4 Forellen (à ca. 225 g),
   gesäubert und ausgenommen
4 Stängel Petersilie
4 Zitronenscheiben und
   Zitronenspalten
   zum Servieren
8 große Lauchblätter
8 Scheiben Rückenspeck ohne
   Schwarte
schwarzer Pfeffer, frisch gemahlen
Salz

1 Den Ofen auf 180 °C vorheizen. Die Forellen innen und außen unter kaltem, fließendem Wasser abspülen, dann mit Küchenpapier trocken tupfen. Die Fische würzen und Petersilie sowie eine Zitronenscheibe hineinlegen.

2 Je 2 Lauchblätter, dann 2 Speckscheiben spiralförmig um jeden Fisch wickeln. Gegebenenfalls die Enden des Specks mit kleinen Holzstäbchen befestigen.

3 Die Fische Seite an Seite in eine flache, ofenfeste Form legen, dabei darauf achten, dass der Kopf eines Fischs am Schwanz des anderen liegt.

4 Ca. 20 Minuten im Ofen backen, bis der Lauch zart ist und der Speck und die Forellen gar sind. Mit einem scharfen Messer in die dickste Stelle stechen, um dies zu überprüfen.

5 Mit etwas Petersilie bestreuen und mit jeweils einer Zitronenspalte servieren.

Tipp

- Zum einfacheren Verzehr können Sie beim Kauf die Wirbelsäule der Fische entfernen lassen.
- Verwenden Sie nur zarte Lauchblätter. Sollten sie zu hart sein, können diese mit kochendem Wasser begossen und einige Minuten darin eingeweicht werden. Dann abtropfen lassen.

Energie 324 kcal/1357 kJ; Protein 44,4 g; Kohlenhydrate 0,4 g – davon 0,3 g Zucker; Fett 16,1 g – davon 5,1 g gesättigt; Cholesterin 174 mg; Kalzium 60 mg; Ballaststoffe 0,3 g; Natrium 997 mg

Gefüllter Weißfisch im Baconmantel

Die Kombination von knusprigem Bacon und zartem, weißem Fisch schmeckt immer gut und der Speck hält den Fisch bei der Zubereitung feucht und saftig, sodass er förmlich auf der Zunge zergeht. Servieren Sie dieses Gericht mit gekochten Frühkartoffeln und gedünstetem, grünem Gemüse der Saison.

FÜR 4 PERSONEN

4 normal große oder 8 kleine
    Fischfilets (z. B. Dorsch oder
    Scholle)
4 Scheiben Bacon

Für die Füllung

50 g Butter
1 Zwiebel, fein geschnitten
50 g feine, frische Brotkrumen
1 TL gehackte Petersilie
½ TL gemischte getrocknete Kräuter
schwarzer Pfeffer, frisch gemahlen
Meersalz

bis sie glasig, jedoch noch nicht gebräunt ist. Die Brotkrumen, die Petersilie und die Kräuter hinzufügen und nach Geschmack mit Pfeffer und Salz würzen.

1 Den Ofen auf 190 °C vorheizen. Die Fischfilets putzen. Falls sie sehr groß sind, längs halbieren, kleine Filets ganz lassen. Von den Speckscheiben die Schwarte und die Knorpel entfernen.

2 Für die Füllung die Butter in einer kleinen Pfanne schmelzen, die Zwiebel hinzufügen und schonend braten,

3 Die Füllung gleichmäßig auf die Filets verteilen. Die Filets vorsichtig aufrollen und danach mit den Baconscheiben umwickeln.

4 Die Rollen mit kleinen Holzspießchen befestigen und auf den Boden einer flachen, mit Butter eingefetteten Auflaufform legen. Mit Alufolie abdecken und den Fisch im vorgeheizten Ofen 15 Minuten backen, in den letzten 5 Minuten die Folie entfernen. Nach Belieben den Fisch mit Kartoffeln und grünen Bohnen servieren.

Energie 344 kcal/1436 kJ; Protein 38,1 g; Kohlenhydrate 12,5 g – davon 2,4 g Zucker; Fett 15,9 g – davon 8,2 g gesättigt; Cholesterin 120 mg; Kalzium 44 mg; Ballaststoffe 0,8 g; Natrium 662 mg

Matjeshering mit Speck und Zwiebeln

Köstliche Speckstücke und zarter Matjeshering geben diesem Salat den besonderen Geschmack. Wenn Sie den salzigen Heringgeschmack als zu stark empfinden, sollten die Filets vor der Zubereitung für ein paar Stunden in Milch eingelegt werden.

2 Die Butter bei mittlerer Hitze in einer Pfanne erwärmen und den Speck darin ca. 3 Minuten braten, dann die gehackten Zwiebeln hinzufügen. Die Zwiebeln noch etwas mitschmoren, dann die gekochten Bohnen hinzufügen. Mit Salz und Pfeffer würzen und das Bohnenkraut hineinrühren.

3 Die Kartoffeln abtropfen lassen und nach Belieben in Stücke schneiden. Mit den Heringfilets und den Bohnen anrichten. Mit den Zwiebelringen garnieren und servieren.

FÜR 4 PERSONEN

1 kg Kartoffeln, geschält
1 kg grüne Bohnen, geputzt
100 g Butter
200 g dick geschnittener, durchwachsener Speck, gewürfelt
3 Zwiebeln (2 gehackt und 1 in feine Ringe geschnitten)
8 Matjesheringfilets
1 EL frisches Bohnenkraut, gehackt
schwarzer Pfeffer, frisch gemahlen
Salz

1 Die Kartoffeln in Salzwasser garen. In der Zwischenzeit die Bohnen 6–8 Minuten kochen, dann abtropfen lassen und unter kaltem, fließendem Wasser abschrecken. Sie sollten immer noch knackig sein und eine frische grüne Farbe haben.

Tipp
• Statt Bohnenkraut kann etwas frischer Thymian verwendet werden.
• Remoulade oder Sauce Tartare ist eine gute Beigabe zu diesem Gericht.

Energie 970 kcal/4032 kJ; Protein 47,4 g; Kohlenhydrate 58,1 g – davon 16 g Zucker; Fett 53,4 g – davon 26,1 g gesättigt; Cholesterin 203 mg; Kalzium 199 mg; Ballaststoffe 9,8 g; Natrium 1103 mg

Gegrillter Aal im Baconmantel mit Zitronengras und Ingwer

Knuspriger Bacon passt sehr gut zu der reichhaltigen, öligen Konsistenz von fest-fleischigem Aal. Dieses asiatische Rezept serviert man am besten mit einer Soße zum Dippen, einem knackigen Salat und Jasminreis.

FÜR 4–6 PERSONEN

2 Zitronengras-Stängel, geputzt und gehackt

25 g frische Ingwerwurzel, geschält und gehackt

2 Knoblauchzehen, abgezogen und geschnitten

2 Schalotten, abgezogen und geschnitten

1 EL Palmzucker

1 EL Pflanzen- oder Erdnussöl

2 EL Nuoc Mam oder Tuc Trey (asiatische Würzsoße)

1,2 kg frischer Aal (ohne Haut), in 2,5 cm große Stücke geschnitten

12 Scheiben Bacon

schwarzer Pfeffer, frisch gemahlen

1 kleines Bund frische Korianderblätter zum Garnieren

Nuoc Cham zum Dippen

Schüssel legen und mit der Paste bestreichen. Die Schüssel abdecken und 2–3 Stunden zum Marinieren in den Kühlschrank stellen.

2 Jedes marinierte Aalstück mit einem Baconstreifen umwickeln, dabei so viel Marinade wie möglich aufnehmen.

3 Die Aalstücke können unter dem Backofengrill in einer gut geölten Grillpfanne oder auf einem Grill zubereitet werden. Die Aalstücke grillen oder braten, bis sie knusprig sind (ca. 2–3 Minuten auf jeder Seite). Mit frischen Korianderblättern und Nuoc Cham zum Dippen servieren.

Tipp

Wenn Sie frischen Aal kaufen, bitten Sie den Fischverkäufer, den Aal zu häuten und auszunehmen, den Kopf abzuschneiden, die Gräten zu entfernen und ihn in Stücke zu schneiden – das macht das Kochen leichter!

1 Das Zitronengras, den Ingwer, den Knoblauch und die Schalotten im Mörser zerstoßen. Mit dem Zucker alles zu einer Paste verarbeiten. Das Öl und das Nuoc Mam oder Tuc Trey hinzufügen, alles gut vermischen und mit schwarzem Pfeffer würzen. Die Aal-Stückchen in eine

Energie 460 kcal/1911 kJ; Protein 39,3 g; Kohlenhydrate 0,8 g – davon 0,6 g Zucker; Fett 33,3 g – davon 9 g gesättigt; Cholesterin 324 mg; Kalzium 43 mg; Ballaststoffe 0,1 g; Natrium 650 mg

Fleisch und Geflügel

In diesem Kapitel finden sich klassische Speck-Rezepte für Hauptgerichte, wie beispielsweise Speckbraten mit Kohl und Petersiliensoße oder Speckkoteletts mit Apfelweinsoße. Jedoch kann man mit Speck auch ein gewöhnliches Brathähnchen in etwas ganz Besonderes verwandeln. Einem Coq au vin kann er einen kräftig würzigen Unterton verleihen oder man kann damit die Kräuter-Füllung eines gebratenen Rebhuhns aufpeppen. Ein klassisches Risotto mit sonnengetrockneten Tomaten bekommt Tiefgang durch die Beigabe von rauchigem Speck und ein einfacher, aber appetitanregender Kartoffel-Speck-Auflauf stellt mit Sicherheit ein köstliches Abendessen dar.

Brathähnchen mit Speck und Birnen

Geräucherte Speckwürfel geben diesem überzeugenden Gericht aus saftigem Brathähnchen und gekochten Birnen den perfekten letzten Schliff.

FÜR 4 PERSONEN

1 Brathähnchen, ca. 1,2 kg

2 Zwiebeln, abgezogen

1 Bund Zitronenmelisse, zusätzlich einige Blätter zum Garnieren

800 g festkochende Kartoffeln, geschnitten

100 g fettarmer, geräucherter Speck, gewürfelt

Salz, Pfeffer

Für die Birnen

1 kg rote Kochbirnen

½ Vanilleschote

3 EL Zucker

1 Schuss Rotwein

3 EL Kartoffelmehl

1 Für die Beilage die Birnen schälen, aber ganz lassen. Den Kelch, aber nicht die Stiele, entfernen. Die Birnen mit der Vanilleschote und dem Zucker in eine schwere Pfanne geben. Wasser hinzufügen, sodass die Birnen fast komplett bedeckt sind und alles zum Kochen bringen. Die Hitze ein wenig reduzieren, abdecken und 30 Minuten köcheln lassen. Den Wein hinzufügen und abgedeckt weitere 30 Minuten köcheln lassen.

2 Mit einem Schaumlöffel die Birnen auf eine große Platte legen und aufrecht hinstellen. 500 ml der kochenden Flüssigkeit in eine saubere Pfanne gießen und zum Kochen bringen.

3 Das Kartoffelmehl mit 6 EL kaltem Wasser in einer Schüssel zu einer Paste vermischen und in die kochende Flüssigkeit rühren. Unter Rühren kochen, bis die Flüssigkeit andickt, dann vom Herd nehmen. Die Soße über die Birnen gießen und alles zum Abkühlen beiseitestellen.

4 Das gewaschene Hähnchen mit 1 ganzen Zwiebel und der Zitronenmelisse füllen. Die Außenseite mit Salz und Pfeffer einreiben. Das Hähnchen in eine ofenfeste Form legen, mit einem Deckel abdecken und in den kalten Ofen stellen. Den Ofen auf 240 °C aufheizen und das Hähnchen 30 Minuten lang braten.

5 In der Zwischenzeit die restliche Zwiebel hacken und die Kartoffelscheiben würzen. Die Form aus dem Ofen nehmen und die Kartoffelscheiben um das Hähnchen herum anordnen. Mit dem gewürfelten Speck und den gehackten Zwiebeln bestreuen.

6 Die Form erneut abdecken und für weitere 45 Minuten zurück in den Ofen stellen. Den Deckel abnehmen und das Hähnchen weitere 5–10 Minuten braten, bis es gleichmäßig angebräunt ist.

7 Das Hähnchen nach Belieben mit Zitronenmelisse garniert direkt aus dem Topf servieren und die Birnen separat dazureichen.

Energie 829 kcal/3466 kJ; Protein 47,4 g; Kohlenhydrate 79,2 g – davon 40,2 g Zucker; Fett 37,3 g – davon 11,1 g gesättigt; Cholesterin 213 mg; Kalzium 69 mg; Ballaststoffe 7,9 g; Natrium 573 mg

Speck-Hähnchen-Lauch-Speise

Nierenfettkuchen gehören zu den Favoriten der britischen Küche. Dieser hier ist gefüllt mit einer leckeren Füllung von ungeräuchertem Speck, zartem Hähnchenfleisch und Lauch. Servieren Sie ihn mit Gemüse der Saison oder einem grünen Salat mit einfachem Öl-Essig-Dressing.

FÜR 4 PERSONEN

200 g ungeräucherter, fettarmer Speck ohne Schwarte
400 g Hähnchenfilet
2 kleine Lauchstangen, fein geschnitten
2 EL frische Petersilie, fein gehackt
175 g Mehl
1 TL Backpulver
75 g Nierenfett, gehackt
120 ml Hühner- oder Gemüsebrühe
schwarzer Pfeffer, gemahlen
Butter zum Einfetten

1 Den Speck und das Hähnchen in mundgerechte Stücke schneiden und in eine große Schüssel geben. Mit dem Lauch und der Hälfte der Petersilie vermischen und mit schwarzem Pfeffer würzen.

2 Das Mehl und das Backpulver in eine andere große Schüssel sieben und das Nierenfett und die restliche Petersilie hineinrühren. Nach und nach so viel kaltes Wasser hinein-

rühren, dass ein geschmeidiger Teig entsteht. Auf einer leicht bemehlten Arbeitsfläche den Teig kreisförmig ausrollen (ca. 33 cm). ¼ des Kreises ausschneiden, aufrollen und zurücklegen.

3 Eine Dessertschüssel (1,2 l) mit Butter einfetten. Die Schüssel mit dem ausgerollten Teig auskleiden, die geschnittenen Ränder zusammendrücken. Der Teig sollte den oberen Rand der Schüssel etwas überlappen.

4 Die Fleisch-Mischung in den Teig löffeln und die Brühe darübergießen.

5 Aus dem zurückgelegten Teig einen Deckel formen und auf die Füllung legen. Die Ränder zusammendrücken. Mit Backpapier abdecken, unter die Ränder klemmen und fest an die Seiten der Schüssel drücken. Mit Alufolie abdecken.

6 Über kochendem Wasser ca. 3 ½ Stunden garen. Gelegentlich den Wasserstand überprüfen. Backpapier und Alufolie entfernen. Das fertige Gericht mit einem Messer aus der Form lösen und auf einen angewärmten Teller legen.

Energie 535 kcal/2236 kJ; Protein 28,2 g; Kohlenhydrate 39,4 g – davon 2,9 g Zucker; Fett 31,3 g – davon 14,8 g gesättigt; Cholesterin 86 mg; Kalzium 111 mg; Ballaststoffe 4 g; Natrium 999 mg

Brathähnchen mit Zitrone und Quinoa gefüllt

Der Speck unterstützt das „Beizen" des Hähnchens während des Garvorgangs und rundet den köstlichen Geschmack des Hähnchens ab. Quinoa ist für die Füllung eine exzellente, glutenfreie Zutat, die man anstelle von Brotkrumen verwenden kann.

FÜR 4 PERSONEN

1 Brathähnchen, ca. 1,3 kg
1 EL Olivenöl
4 Scheiben durchwachsener Speck
schwarzer Pfeffer, frisch gemahlen
Salz

Für die Füllung

1 EL Pflanzenöl
2 Knoblauchzehen, abgezogen und
 zerdrückt
1 mittelgroße Zwiebel, fein
 geschnitten
125 g Quinoa
475 ml Wasser
Saft von 2 Zitronen
abgeriebene Schale einer unbe-
 handelten Zitrone
25 g Quinoa-Mehl
25 g frischer Salbei, fein gehackt
25 g Kapern, grob gehackt
25 g Butter
schwarzer Pfeffer, frisch gemahlen
Salz

Für das geröstete Gemüse

600 g gemischtes Wurzelgemüse
 (Rote Beete, Steckrübe, Süß-
 kartoffel, Pastinake, Sellerie),
 geschält und in 4 cm große
 Stäbchen geschnitten
25 g Quinoa-Mehl
1 EL Petersilie, gehackt
2 EL Olivenöl
schwarzer Pfeffer, frisch gemahlen
Salz

1 Den Ofen auf 200 °C vorheizen. Für die Füllung das Öl in einem Topf erhitzen und Knoblauch, Zwiebel, Quinoa und Wasser hinzufügen. Alles zum Kochen bringen und 12–14 Minuten köcheln lassen, bis die Quinoa bissfest ist. Das überschüssige Wasser abgießen. Die restlichen Zutaten für die Füllung hineinmischen und mit Salz und Pfeffer würzen.

2 Die Halsöffnung des Hähnchens zu ⅔ locker füllen (die Hitze muss noch zirkulieren können). Das gefüllte Hähnchen zur Bestimmung der Garzeit wiegen: Pro 450 g 20 Minuten Garzeit plus zusätzlich 10–20 Minuten und 30 Minuten Ruhezeit.

3 Die Außenseite des Hähnchens mit Olivenöl bepinseln, mit Salz und Pfeffer würzen und mit den Speckscheiben bedecken. 20 Minuten im Ofen backen, dann mit dem austretenden Bratensaft begießen und die Temperatur auf 190 °C drosseln.

4 Das Wurzelgemüse in eine Pfanne geben und ca. 3 Minuten abgedeckt in Wasser ankochen. Die Flüssigkeit abgießen, das Quinoa-Mehl, die Petersilie sowie Salz und Pfeffer hinzugeben. Die Pfanne schwenken, um das Gemüse mit dem Quinoa-Mehl zu ummanteln. Die Pfanne beiseitestellen.

5 Ca. 20 Minuten vor Ende der Zubereitungszeit des Hähnchens das Olivenöl für das geröstete Gemüse in eine ofenfeste Kasserolle geben und erhitzen. Den Speck vom Hähnchen abnehmen und beiseitelegen.

6 Das mit Quinoa ummantelte Gemüse in die heiße Kasserolle geben und im Olivenöl schwenken, dann in den Ofen stellen.

7 Das Hähnchen aus dem Ofen nehmen und beiseitestellen, sobald es gar ist. Abgedeckt ruhen lassen.

8 Die Ofentemperatur auf 200 °C erhöhen und das Gemüse 15 Minuten rösten, bis es knusprig ist.

9 Das Hähnchen tranchieren und mit knusprigem Speck, einem Löffel der Füllung und dem gerösteten Gemüse servieren.

Energie 778 kcal/3257 kJ; Protein 56 g; Kohlenhydrate 50 g – davon 12 g Zucker; Fett 41 g – davon 11 g gesättigt; Cholesterin 186 mg; Kalzium 161 mg; Ballaststoffe 8 g; Natrium 878 mg

Hähnchen in Specksoße

Ein einfaches Gericht mit eindrucksvollem Geschmack, das sowohl süß als auch würzig ist und durch die reichhaltige, rauchige Specksoße belebt wird.

FÜR 4 PERSONEN

2 große Brathähnchen
25 g Butter
2 TL Sonnenblumenöl
115 g geräucherter, durchwachsener Speck, geschnitten
2 Stangen Lauch, gewaschen und geschnitten
175 g kleine weiße Champignons, geputzt
120 ml Apfelsaft, zusätzlich 1 EL
120 ml Hühnerbrühe
2 EL klarer Honig
2 TL frischer Thymian, gehackt
225 g Äpfel
2 TL Speisestärke
schwarzer Pfeffer, frisch gemahlen
Salz

1 Mit einem scharfen Messer die Hähnchen halbieren, um daraus 4 Portionen zu machen. Diese unter kaltem, fließendem Wasser abspülen, danach mit Küchenpapier trocken tupfen.

2 Die Butter und das Öl in einer großen Pfanne erhitzen und die halbierten Hähnchen hineingeben. Die Stücke braten und wenden, bis sie gleichmäßig angebräunt sind. Dann in eine große Kasserolle geben, das Fett in der Pfanne lassen.

3 Den geschnittenen Speck in die Pfanne mit dem Hähnchenfett geben und ca. 5 Minuten braten. Dabei gelegentlich umrühren, bis er beginnt, braun zu werden. Den Speck mit einem Schaumlöffel in die Kasserolle geben, alle Bratensäfte in der Pfanne lassen.

4 Den Lauch und die Champignons in die Pfanne geben und ein paar Minuten braten, bis sie weich werden und die Champignons Flüssigkeit abgeben.

5 120 ml Apfelsaft und die Hühnerbrühe in die Pfanne gießen, dann Honig und Thymian einrühren. Mit Salz und Pfeffer kräftig würzen.

6 Die Mischung gut erhitzen und über die Hähnchen und den Speck gießen. Den Deckel auf die Kasserolle legen und bei mittlerer Hitze 1 Stunde lang garen.

7 Die Äpfel vierteln, entkernen und in dicke Scheiben schneiden. In den Topf geben. Gut mit Flüssigkeit bedecken, damit sie nicht braun werden. Weitere 30 Minuten garen, bis das Hähnchen und das Gemüse weich und zart sind. Das Hähnchen aus dem Topf nehmen, auf einen Teller legen und warm halten.

8 Die Speisestärke mit 1 EL Apfelsaft vermischen und in die Kochflüssigkeit rühren, damit sie andickt. Nach Belieben noch mit etwas Salz und Pfeffer abschmecken.

9 Die Hähnchen auf angewärmte Teller legen und die Soße darübergießen. Dazu passen Kartoffelbrei und in der Pfanne gebratener oder gedünsteter junger Lauch.

Energie 465 kcal/1945 kJ; Protein 32,8 g; Kohlenhydrate 25,9 g – davon 20,7 g Zucker; Fett 26,3 g – davon 9,5 g gesättigt; Cholesterin 172 mg; Kalzium 40 mg; Ballaststoffe 3,3 g; Natrium 632 mg

Gebratene Rebhühner mit Bacon, Kräutern und Knoblauch

Streifen von fetthaltigem Bacon sorgen dafür, dass das fettarme, nach Wild schmeckende Fleisch des Rebhuhns feucht und saftig bleibt und verhindern so sein Austrocknen bei der Zubereitung. Es ist wichtig, dass Sie für dieses Rezept junge Rebhühner verwenden.

Tipp

Um zu testen, ob die Rebhühner gar sind, den dicksten Teil des Schenkels durchstechen – die Fleischsäfte sollten klar sein.

FÜR 4 PERSONEN

4 kleine Rebhühner, gesäubert und ausgenommen
8 Scheiben Bacon
50 g weiche Butter, zusätzlich 3 EL geschmolzene Butter
10 frische Salbeiblätter, grob gehackt
1 Bund frischer Thymian, gehackt
10 Knoblauchzehen, abgezogen und grob geschnitten
schwarzer Pfeffer, frisch gemahlen
Salz
Cranberry-Marmelade

1 Den Ofen auf 190 °C vorheizen. Die Rebhühner innen und außen gut würzen, dann in eine Bratpfanne geben.

2 Die Baconscheiben darüberlegen.

3 Die weiche Butter, die Kräuter und den Knoblauch vermischen und damit die Hühner füllen.

4 Ca. 1½ Stunden im Ofen backen, bis sie gar sind, zwischendurch regelmäßig mit der geschmolzenen Butter begießen.

5 Aus dem Ofen nehmen, mit Alufolie abdecken und 15 Minuten ruhen lassen.

6 Die Rebhühner nach Belieben mit Cranberry-Marmelade servieren.

Energie 866 kcal/3619 kJ; Protein 118 g; Kohlenhydrate 0,1 g – davon 0,1 g Zucker; Fett 43,6 g – davon 16,1 g gesättigt; Cholesterin 59 mg; Kalzium 145 mg; Ballaststoffe 0 g; Natrium 1006 mg

Coq au vin

Geräucherte Speckstücke runden den Geschmack dieses klassischen, französischen Gerichts wunderbar ab. Servieren Sie es nach Belieben mit gekochten Kartoffeln.

FÜR 6 PERSONEN

3 EL leichtes Olivenöl
12 Schalotten, abgezogen
225 g durchwachsener Speck,
 in Stücke geschnitten
3 Knoblauchzehen, abgezogen und
 fein geschnitten
225 g kleine Champignons, halbiert
6 Hähnchenschenkel (ohne
 Knochen)
3 Hähnchenbrüste (ohne Knochen),
 halbiert
1 Flasche Rotwein
schwarzer Pfeffer, frisch gemahlen
Salz
3 EL Petersilie, gehackt

Für das Bouquet garni

jeweils 3 Zweige frische Petersilie,
 Thymian und Salbei
1 Lorbeerblatt
4 Pfefferkörner

Für die Mehlbutter

25 g weiche Butter
25 g Mehl

1 Das Öl in einer großen, feuerfesten Kasserolle erhitzen und die Schalotten 5 Minuten darin anbraten, bis sie goldbraun sind. Die Temperatur erhöhen. Den Speck, den Knoblauch und die Champignons hinzufügen und weitere 10 Minuten braten, dabei immer wieder umrühren.

2 Alles mit einem Schaumlöffel herausnehmen und auf einen Teller legen, dann die Hähnchenteile in dem im Topf verbliebenen Öl anbräunen und wenden. Die Schalotten, den Knoblauch, die Champignons und den Speck zurück in den Topf geben und den Rotwein angießen.

3 Die Zutaten für das Bouquet garni in ein kleines Mulltuch legen, zubinden und in die Kasserolle legen. Alles zum Kochen bringen, die Hitze drosseln und dann 30–40 Minuten mit aufgelegtem Topfdeckel köcheln lassen.

4 Für die Mehlbutter die Butter und das Mehl in einer kleinen Schüssel solange rühren, bis daraus eine geschmeidige Paste wird.

5 Die Mehlbutter nach und nach in kleinen Portionen zu dem brodelnden Gericht geben und alles gut durchrühren. Wenn alles eingerührt ist, wieder zum Kochen bringen und 5 Minuten köcheln lassen.

6 Den Coq au vin mit Salz und Pfeffer abschmecken und mit gehackter Petersilie bestreut servieren.

Energie 474 kcal/1977 kJ; Protein 35 g; Kohlenhydrate 5 g – davon 1 g Zucker; Fett 26 g – davon 8 g gesättigt; Cholesterin 146 mg; Kalzium 35 mg; Ballaststoffe 1 g; Natrium 563 mg

Leber mit Bacon und Zwiebeln

Ein schlichtes und dennoch intensiv aromatisches Gericht: Es ist einfach zuzubereiten und sehr preisgünstig. Servieren Sie es mit cremigem Kartoffelbrei, der die Soße aufsaugen kann und mit leicht gedünstetem grünem Gemüse. Die Leber sollte nicht zu lange gegart werden, da sie sonst zäh wird.

FÜR 4 PERSONEN

450 g Lammleber
2 EL Mehl
2–3 EL Pflanzenöl
8 Scheiben Bacon
2 Zwiebeln, abgezogen und dünn
   geschnitten
4 frische Salbeiblätter, fein gehackt
150 ml Hühner- oder Gemüsebrühe
schwarzer Pfeffer, frisch gemahlen
Salz

1 Die Leber abwaschen, mit Küchenpapier trocken tupfen und mit einem scharfen Messer diagonal in dicke Streifen schneiden. Das Mehl mit Salz und Pfeffer würzen und die Leber darin wälzen. Überschüssiges Mehl abschütteln.

2 Das Öl in einer großen Bratpfanne erhitzen und den Bacon hineingeben. Bei mittlerer Hitze braten, bis das Fett austritt und der Bacon gebräunt und knusprig ist. Den Bacon herausnehmen und warm halten.

3 Die Zwiebeln und den Salbei in die Bratpfanne geben. Bei mittlerer Hitze ca. 10–15 Minuten unter gelegentlichem Umrühren braten, bis die Zwiebeln weich und goldbraun sind. Mit einem Schaumlöffel herausnehmen und warm halten.

4 Die Hitze erhöhen und bei Bedarf noch etwas Öl hinzufügen. Die Leber hinzugeben und auf jeder Seite 3–4 Minuten braten, bis sie auf beiden Seiten gut gebräunt ist.

5 Die Zwiebeln zurück in die Pfanne geben und die Brühe angießen. Zum Kochen bringen und schonend 1–2 Minuten brodeln lassen, mit Salz und Pfeffer abschmecken. Auf Tellern anrichten und mit Bacon belegt servieren.

Energie 310 kcal/1293 kJ; Protein 28,7 g; Kohlenhydrate 13,7 g – davon 5,7 g Zucker; Fett 15,9 g – davon 4,4 g gesättigt; Cholesterin 500 mg; Kalzium 44 mg; Ballaststoffe 1,6 g; Natrium 400 mg

Würstchen-Speck-Kartoffel-Topf

Dieses traditionelle irische Gericht – angeblich ein Favorit des Schriftstellers Jonathan Swift – kombiniert Speck mit Würstchen und Kartoffeln, die in der irischen Küche häufig verwendet werden.

FÜR 4 PERSONEN

8 dicke, trocken gepökelte
   Speckscheiben
8 fettarme Schweinewürstchen
4 große Zwiebeln, abgezogen und
   in dünne Scheiben geschnitten
900 g Kartoffeln, geschält und in
   Scheiben geschnitten
6 EL Petersilie, gehackt
schwarzer Pfeffer, frisch gemahlen
Salz

1 Den Speck in breite Streifen schneiden und mit den Würstchen in 1,2 l Wasser 5 Minuten kochen. Den Speck trocken tupfen und den Sud zurückbehalten.

2 Das Fleisch zusammen mit den Zwiebeln, den Kartoffeln und der Petersilie in eine Pfanne oder eine ofenfeste Form geben. Mit Salz und Pfeffer würzen und mit ausreichend Sud bedecken. Mit eingefetteter Alufolie oder Backpapier und einem fest aufliegenden Deckel abdecken.

3 Ca. 1 Stunde bei niedriger Hitze schonend köcheln lassen. Alle Zutaten sollten gar, jedoch nicht weich sein. Auf Tellern anrichten und mit frischem Brot, gedünstetem Gemüse und nach Belieben einem Glas Starkbier servieren.

Energie 432 kcal/1809 kJ; Protein 20,6 g; Kohlenhydrate 52 g – davon 10,2 g Zucker; Fett 17,2 g – davon 6,1 g gesättigt; Cholesterin 45 mg; Kalzium 83 mg; Ballaststoffe 5,7 g; Natrium 1,27 g

Speckkoteletts mit Apfelweinsoße

Würzige, fleischige Speckkoteletts harmonieren wundervoll mit scharfer Apfel-Senf-Soße. Servieren Sie das Fleisch zusammen mit Kartoffelbrei und gedünstetem Kohl.

FÜR 4 PERSONEN

1 EL Pflanzenöl
2 Speckkoteletts
1–2 Äpfel
ein kleines Stück Butter
1–2 Knoblauchzehen, abgezogen
  und fein gehackt
1 TL Zucker
150 ml trockener Apfelwein
1 TL Apfelessig
1 EL körniger Senf
2 TL frischer Thymian, gehackt
schwarzer Pfeffer, frisch gemahlen
Salz
4 Thymianzweige zum Garnieren

1 Das Öl in einer großen, schweren Bratpfanne bei mittlerer Temperatur erhitzen und die Koteletts 10–15 Minuten darin braten, bis sie auf beiden Seiten gut angebräunt sind.

2 Die Äpfel schälen, das Kerngehäuse entfernen und die Äpfel in Stücke schneiden. Die Koteletts aus der Pfanne nehmen und warm halten. Die Butter und die Apfelstücke in die Pfanne geben und solange schmoren, bis alles leicht gebräunt ist.

3 Den Knoblauch und den Zucker hinzufügen und 1 Minute mitschmoren. Dann den Apfelwein, den Apfelessig, den Senf und den gehackten Thymian hineinrühren. Einige Minuten köcheln, bis die Flüssigkeit andickt.

4 Nach Geschmack mit Salz und Pfeffer würzen und die Koteletts mit der Apfelweinsoße auf angewärmten Tellern anrichten. Mit den Thymianzweigen garnieren und servieren. Dazu passt Kartoffelbrei.

Energie 285 kcal/1190 kJ; Protein 26,4 g; Kohlenhydrate 6,5 g – davon 6,5 g Zucker; Fett 16,1 g – davon 5,4 g gesättigt; Cholesterin 40 mg; Kalzium 17 mg; Ballaststoffe 0,8 g; Natrium 1,34 g

Hackbraten im Speckmantel

Der große Buder der Frikadelle ist der Hackbraten. Er wird aus Kalbfleisch oder gemischtem Rind- und Schweinefleisch von guter Qualität zubereitet. In diesem Rezept wird das Fleisch mit geräuchertem Schinken oder Speck umwickelt. Servieren Sie den Hackbraten nach Belieben in Scheiben geschnitten mit gekochten Frühkartoffeln.

FÜR 6 PERSONEN

100 ml Milch
2 Scheiben Weißbrot
5 große Eier
1 große Zwiebel, abgezogen und gerieben
350 g Rinderhackfleisch
350 g Schweinehackfleisch
1 Handvoll frische Thymianblätter
1 Handvoll gehackte Petersilie
12 Scheiben geräucherter, durch- wachsener Speck ohne Schwarte
schwarzer Pfeffer, frisch gemahlen
Salz

1 Den Ofen auf 180 °C vorheizen und eine 20–25 cm lange Brotback- form einfetten. Die Milch in eine Schüssel gießen und die Brotscheiben dazugeben. Einige Minuten darin einweichen, dann die überschüssige Flüssigkeit ausdrücken.

2 Einen kleinen Topf mit Wasser zum Kochen bringen und darin 4 Eier 7 Minuten kochen. Herausnehmen und komplett abkühlen lassen.

3 Das eingeweichte Brot in eine gro- ße Schüssel geben, die Zwiebel, das Rindfleisch, das Schweinefleisch, den Thymian und die Petersilie dazuge- ben. Das letzte Ei aufschlagen und mit in die Schüssel geben. Mit Salz und Pfeffer würzen. Die Mischung gut vermengen.

4 Die Brotbackform mit Speckschei- ben auslegen, diese über die Ränder hängen lassen, sodass damit der Braten umwickelt werden kann.

5 Die Form mit der Fleischmischung füllen. Die Eier pellen und diese sanft und gleichmäßig in den Braten drücken.

6 Den Speck über den Hackbraten legen. Auf der mittleren Schiebeleiste 1 Stunde backen, bis er goldbraun ist. Heiß oder kalt servieren.

Energie 401 kcal/1673 kJ; Protein 33,1 g; Kohlenhydrate 11,3 g – davon 5 g Zucker; Fett 25,4 g – davon 9,3 g gesättigt; Cholesterin 250 mg; Kalzium 102 mg; Ballaststoffe 1,5 g; Natrium 476 mg

Speckbraten mit Kohl und Petersiliensoße

Lendenspeck steht im Mittelpunkt dieser Zubereitung, die sich durch die Kombination der klassischen Zutaten Speck und Kohl auszeichnet. Als traditionelle Beilagen kommen gekochte Kartoffeln, Kartoffelbrei oder pürierte Kohlrüben in Betracht.

FÜR 6 PERSONEN

1,3 kg Lendenspeck
1 Karotte, geschnitten
2 Selleriestangen, geschält und
  geschnitten
2 Stangen Lauch, geschnitten
1 TL Pfefferkörner
1 EL körniger Senf
1 EL Semmelbrösel
1 ½ TL Muscovadozucker
25 g Butter
900 g Wirsing, geschnitten

Für die Petersiliensoße

50 g Butter
25 g Mehl
150 ml Sahne
1 Handvoll gehackte Petersilie
schwarzer Pfeffer, frisch gemahlen
Salz

1 Den Speck in eine große Pfanne legen. Das Gemüse und die Pfefferkörner dazugeben. Mit kaltem Wasser bedecken und zum Kochen bringen. Die Garzeit beträgt etwa 20 Minuten pro 250 g Gewicht. Den Ofen auf 200 °C vorheizen.

2 Den Speck aus der Pfanne nehmen, 150 ml des Suds zurückbehalten.

Die Schwarte entfernen und das Fett einschneiden. Den Speck in eine Bratpfanne geben. Den Senf, die Semmelbrösel, den Zucker und 1 EL Butter vermengen, die Mischung gleichmäßig auf dem Speck verstreichen. 15–20 Minuten im Ofen backen.

3 Für die Petersiliensoße die Butter in einem kleinen Topf schmelzen, das Mehl hinzufügen und 1–2 Minuten aufschäumen lassen, dabei regelmäßig rühren. Den Sud und die Sahne in die Mischung einrühren und alles zum Kochen bringen. Die Hitze drosseln und 3–4 Minuten köcheln lassen, dann die Petersilie hineinrühren. Nach Geschmack mit Salz und Pfeffer würzen. Die Soße sollte die Konsistenz von dünnflüssiger Sahne haben. Beiseitestellen und warm halten.

4 Den Kohl in einen Topf geben und mit etwas Specksud garen. Mit einem Schaumlöffel herausnehmen und gut abtropfen lassen. Nach Geschmack mit Salz und Pfeffer würzen und in der restlichen Butter schwenken.

5 Den Speckbraten in Scheiben schneiden und auf einem Kohlbett auf Tellern anrichten. Mit der Petersiliensoße beträufeln und servieren.

Energie 689 kcal/2857 kJ; Protein 40,4 g; Kohlenhydrate 16,3 g – davon 10,6 g Zucker; Fett 51,5 g – davon 23,1 g gesättigt; Cholesterin 155 mg; Kalzium 139 mg; Ballaststoffe 5 g; Natrium 3,46 g

Risotto mit geräuchertem Speck und Tomate

Ein klassisches Risotto mit reichlich Zwiebeln, geräuchertem Speck und sonnengetrockneten Tomaten. Sie werden immer wieder nach einem Nachschlag verlangen!

FÜR 4–6 PERSONEN

8 getrocknete Tomaten, in Olivenöl eingelegt

275 g geräucherter Rückenspeck ohne Schwarte

75 g Butter

450 g Zwiebeln, abgezogen und grob geschnitten

2 Knoblauchzehen, abgezogen und zerdrückt

350 g Risottoreis

300 ml trockener Weißwein

1 l Gemüsebrühe

50 g Parmesan, frisch gerieben

3 EL Schnittlauch und glatte Petersilie, gehackt

schwarzer Pfeffer, frisch gemahlen

Salz

1 Die Tomaten abtropfen lassen und 1 EL des Öl zurückbehalten. Die Tomaten klein schneiden und beiseitelegen. Den Speck in 2,5 cm große Stücke schneiden.

2 Das Öl in einer großen Pfanne erhitzen. Den Speck braten, bis er gar und goldbraun ist. Mit einem Schaumlöffel herausnehmen und auf Küchenpapier abtropfen lassen.

3 25 g Butter in einem Stieltopf erhitzen. Die Zwiebeln und den Knoblauch bei mittlerer Hitze 10 Minuten darin braten, bis sie weich und goldbraun sind.

4 Den Reis einrühren. und 1 Minute braten, bis die Körnchen glasig werden. Die Brühe erhitzen und den Wein einrühren. Eine Kelle der Mischung zum Reis geben und alles schonend kochen, bis die Flüssigkeit aufgesogen wurde.

5 Eine weitere Kelle der Brühe-Wein-Mischung hineinrühren und von dem Reis aufsaugen lassen. Den Vorgang etwa 25–30 Minuten wiederholen, bis die Flüssigkeit aufgebraucht ist. Das Risotto sollte eine dickflüssige und cremige Konsistenz bekommen, aber nicht klebrig werden.

6 Direkt vor dem Servieren den Speck, die Tomaten, den Parmesan, die Hälfte der Kräuter und die restliche Butter hineinrühren. Mit Salz und Pfeffer abschmecken, dabei berücksichtigen, dass der Speck bereits ziemlich salzig ist. Mit den restlichen Kräutern bestreuen und servieren.

Energie 513 kcal/2133 kJ; Protein 16,9 g; Kohlenhydrate 55,1 g – davon 6,8 g Zucker; Fett 21,3 g – davon 11,1 g gesättigt; Cholesterin 59 mg; Kalzium 159 mg; Ballaststoffe 2,1 g; Natrium 885 mg

Lauch-Pie mit Bacon und Ei

Fettarmer Bacon, geschmort mit Lauch, ist eine ausgezeichnete, köstliche Füllung für diesen leckeren Pie. Hier wird Blätterteig verwendet, jedoch eignet sich Mürbeteig ebenso gut. Servieren Sie ihn mit frisch zubereitetem Gemüse der Saison.

FÜR 4–6 PERSONEN

1 EL Olivenöl

200 g Bacon, in schmale Streifen geschnitten

250 g Lauch, dünn geschnitten

40 g Mehl

¼ TL Muskatnuss, frisch gerieben

425 ml Milch plus etwas Milch zum Bestreichen

4 Eier

350 g fertiger Blätterteig

schwarzer Pfeffer, frisch gemahlen

Salz

1 Den Ofen auf 200 °C vorheizen. Das Öl und den Bacon in einen Topf geben und 5 Minuten unter gelegentlichem Umrühren braten, bis der Bacon gar ist.

2 Den Lauch zum Bacon dazugeben. Einen Deckel auf den Topf legen und bei mittlerer Hitze 5 Minuten schmoren, dabei 1- bis 2-mal umrühren.

3 Das Mehl und den Muskat hineinrühren. Den Topf vom Herd nehmen und nach und nach die Milch einrühren. Den Topf zurück auf den Herd stellen und alles zum Kochen bringen. Dabei rühren, bis die Soße andickt und kocht. Mit Salz und Pfeffer leicht würzen.

4 Die Mischung in eine flache, ofenfeste Backform (etwa 25 cm Länge) geben. Mit einem Löffel 4 Vertiefungen in die Mischung drücken und jeweils ein aufgeschlagenes Ei hineingeben.

5 Die Ränder der Form mit Milch einpinseln. Den Teig in der Größe der Backform ausschneiden und darüberlegen. Eventuell überschüssigen Teig abschneiden. Aus den Teigresten die Garnierung herstellen. Die Rückseiten der Garnierung mit Milch einpinseln und auf dem Pie befestigen.

6 Die Teigoberfläche mit Milch einstreichen. In der Mitte den Teig mit der Messerspitze einritzen, damit der Dampf entweichen kann. In den Ofen stellen und 40 Minuten backen, bis der Teig leicht aufgegangen und goldbraun ist und die Eier fest geworden sind.

Energie 202 kcal/842 kJ; Protein 13,4 g; Kohlenhydrate 9,7 g – davon 4,4 g Zucker; Fett 12,5 g – davon 4,2 g gesättigt; Cholesterin 149 mg; Kalzium 125 mg; Ballaststoffe 1,1 g; Natrium 592 mg

Kartoffel-Bacon-Apfel-Pie

Diese Kombination aus Kartoffeln, Zwiebeln, Äpfeln und Bacon im Teigmantel ist ein kostengünstiges und sättigendes Gericht. Es ist eine traditionelle Speise der englischen Landarbeiter am Ende eines langen, harten Tages auf den Feldern.

FÜR 4–5 PERSONEN

75 g Mehl
75 g Vollkornmehl
1 Prise Salz
40 g Schweineschmalz, gewürfelt
40 g Butter, gewürfelt
1 EL Pflanzenöl
225 g Bacon, in schmale Streifen
  geschnitten
2 mittelgroße Zwiebeln, abgezogen
  und dünn geschnitten
450 g Kartoffeln, dünn geschnitten
2 TL Zucker
2 mittelgroße Äpfel
4 frische Salbeiblätter, fein gehackt
schwarzer Pfeffer, frisch gemahlen
Salz
300 ml Gemüsebrühe oder halb-
  trockener Apfelwein
Eigelb oder Milch zum Bestreichen

1 Beide Mehlsorten und das Salz in eine Schüssel sieben. Das Schweineschmalz und die Butter hineingeben und alles fein verkrümeln. Ausreichend kaltes Wasser einrühren, um die Mischung zu binden. Aus dem Teig eine Kugel formen und 30 Minuten ruhen lassen.

2 Den Ofen auf 180 °C vorheizen. Das Öl in einer großen antihaftbeschichteten Pfanne erhitzen und den Bacon knusprig braten. In eine große Rührschüssel geben.

3 Die Zwiebeln, die Kartoffeln und den Zucker in die heiße Pfanne geben und anbräunen, bis die Kartoffeln weich werden. In die Schüssel geben.

4 Die Äpfel schälen, entkernen, schneiden und in die Schüssel geben. Den Salbei hineinrühren, mit Salz und Pfeffer würzen und alles gut vermengen. Die Mischung in eine große Pie-Form (1,5 l Fassungsvermögen) füllen, die Oberfläche glätten und die Brühe oder den Apfelwein darübergießen.

5 Den Teig auf einer leicht bemehlten Arbeitsfläche passend als Deckel für die Pie-Form ausrollen. Die Ränder mit Milch oder Ei bepinseln. Den Teigdeckel auflegen, die Ränder beschneiden und in die Mitte einen Schlitz schneiden. Mit Ei oder Milch bepinseln.

6 Ca. 1 Stunde backen, bis die Kruste goldbraun und die Füllung gar ist.

Energie 436 kcal/1824 kJ; Protein 12,7 g; Kohlenhydrate 42,7 g – davon 8,2 g Zucker; Fett 25 g – davon 10,7 g gesättigt; Cholesterin 48 mg; Kalzium 43 mg; Ballaststoffe 4 g; Natrium 754 mg

Beilagen und Aufläufe

Es bedarf nur etwas gebratenen Specks, um Gemüse erheblich aufzuwerten. Hier findet man traditionelle Gerichte wie Rosenkohl oder dicke Bohnen mit Speck sowie überraschende Kombinationen, die traumhaft harmonieren: Der bittere Geschmack von Chicorée wird durch knusprige, süß-geräucherte Speckstückchen abgemildert und der Geschmack von Süßkartoffeln wird mit würzigen Speckstreifen ausgeglichen. Und als besonderer Abschluss treffen die vollendeten süß-salzigen Snacks als unwiderstehliche Leckerbissen geschmacklich ins Schwarze!

Kartoffel-Speck-Auflauf

In Litauen wird dieses aromatische Gericht *kugelis* genannt und ist sehr beliebt. Es wird für gewöhnlich mit knusprigen Zwiebelringen belegt. Diese Version ist allerdings fettärmer als das litauische Original.

FÜR 6 PERSONEN

800 g Kartoffeln, geschält und
   gerieben
2 Eier, aufgeschlagen
2 EL Kartoffelmehl
½ TL Backpulver
200 g geräucherter Speck, gewürfelt
2 Schalotten, abgezogen und fein
   geschnitten
½ TL Kümmelsamen, gemahlen
2 EL frischer Dill, fein gehackt
schwarzer Pfeffer, frisch gemahlen
Salz

Für die Zwiebelringe

100 ml Pflanzenöl
1 große Zwiebel, abgezogen und
   in Ringe geschnitten
2 EL Mehl

1 Den Ofen auf 200 °C vorheizen. Die geriebenen Kartoffeln in ein Mulltuch geben und so viel Flüssigkeit wie möglich herausdrücken. Die Kartoffeln in einer Schüssel mit den Eiern, dem Kartoffelmehl und dem Backpulver vermischen.

2 Den Speck in einer schweren Pfanne bei mittlerer Hitze 3–4 Minuten unter Rühren anbraten. Die Schalotten dazugeben und weitere 3 Minuten anbraten, danach würzen.

3 Den Speck und die Schalotten in die Schüssel mit den geriebenen Kartoffeln geben und den Kümmel und den Dill hinzufügen. Alles gut vermengen und mit Salz und Pfeffer abschmecken.

4 Die Kartoffelmischung in eine ofenfeste Form geben und 35–45 Minuten im Ofen backen.

5 Für die knusprigen Zwiebelringe das Öl in einer Pfanne erhitzen. Die Zwiebelringe in eine Plastiktüte oder eine Schüssel mit Deckel geben und das Mehl dazugeben. Die Tüte oder Schüssel verschließen und schütteln, um die Ringe zu bestäuben. Schubweise in das heiße Öl geben und braten, bis sie golden und knusprig sind. Mit einem Schaumlöffel herausnehmen und abtropfen lassen. Den Auflauf mit den Zwiebelringen belegt servieren.

Energie 211 kcal/888 kJ; Protein 10,3 g; Kohlenhydrate 26,3 g – davon 2,3 g Zucker; Fett 7,8 g – davon 2,7 g gesättigt; Cholesterin 81 mg; Kalzium 23 mg; Ballaststoffe 1,6 g; Natrium 552 mg

Dicke Bohnen mit Speck

In dieser köstlichen Beilage verschmilzt knuspriger, geräucherter Speck in großartiger Weise mit dem unverwechselbaren Aroma und der cremigen Konsistenz von dicken Bohnen.

FÜR 4 PERSONEN

2 EL Olivenöl
1 kleine Zwiebel, abgezogen und fein geschnitten
1 Knoblauchzehe, abgezogen und fein geschnitten
50 g geräucherter, durchwachsener Speck ohne Schwarte, grob geschnitten
225 g dicke Bohnen
1 TL Paprikapulver
1 EL süßer Sherry
schwarzer Pfeffer, frisch gemahlen
Salz

1 Das Olivenöl in einer großen Pfanne erhitzen. Die Zwiebel, den Knoblauch und den Speck hineingeben und bei starker Hitze ca. 5 Minuten braten. Häufig umrühren, bis die Zwiebel weich und der Speck angebräunt ist.

2 Die Bohnen und das Paprikapulver in die Pfanne geben und 1 Minute anbraten. Den Sherry hinzufügen, die Hitze drosseln, einen Deckel auf die Pfanne legen und die Bohnen 5–10 Minuten schmoren, bis sie zart sind. Mit Salz und Pfeffer abschmecken und heiß oder kalt servieren.

Energie 139 kcal/577 kJ; Protein 6,8 g; Kohlenhydrate 8,2 g – davon 1,6 g Zucker; Fett 9 g – davon 1,9 g gesättigt; Cholesterin 8 mg; Kalzium 38 mg; Ballaststoffe 3,9 g; Natrium 163 mg

Rosenkohl mit Speck

Speck und Rosenkohl sind eine großartige Kombination. Kurzes Anbraten liefert ein süßes Aroma und macht diese Beilage zu einem knusprigen Leckerbissen.

FÜR 4 PERSONEN

450 g Rosenkohl, geputzt und gewaschen
2 EL Sonnenblumenöl
2 Scheiben durchwachsener Speck, fein geschnitten
2 TL Kümmelsamen, leicht zerstoßen
schwarzer Pfeffer, frisch gemahlen
Salz

1 Den Rosenkohl ebenfalls mit einem scharfen Messer in feine Stückchen schneiden und beiseitelegen. Das Öl in einem Wok oder einer großen Bratpfanne erhitzen und den Speck hineingeben. 1–2 Minuten braten, bis er goldbraun ist.

2 Den Rosenkohl in den Wok oder die Pfanne geben und 1–2 Minuten anbraten, bis er leicht angebräunt ist.

3 Den Rosenkohl mit Salz und Pfeffer abschmecken und den Kümmelsamen unterrühren. Weitere 30 Sekunden schmoren und sofort servieren.

Energie 130 kcal/542 kJ; Protein 7 g; Kohlenhydrate 5 g – davon 3 g Zucker; Fett 10 g – davon 2 g gesättigt; Cholesterin 9 mg; Kalzium 40 mg; Ballaststoffe 4,6 g; Natrium 300 mg

Kohl-Speck-Salat

Speck – besonders geräucherter – verfeinert den Geschmack von Kohl und verwandelt ihn in eine köstliche Gemüsebeilage, die man mit einem gebratenen Gericht servieren kann.

FÜR 4 PERSONEN

2 EL Pflanzenöl

1 Zwiebel, abgezogen und fein geschnitten

115 g geräucherter Speck, geschnitten

500 g Kohl (Rotkohl, Weißkohl oder Wirsing)

schwarzer Pfeffer, frisch gemahlen

Salz

1 Das Öl in einer großen Pfanne bei mittlerer Hitze erwärmen, die Zwiebel und den Speck dazugeben und ca. 7 Minuten unter gelegentlichem Umrühren braten.

2 Die harten, äußeren Kohlblätter entfernen und den Kohl waschen. Den Kohlstrunk herauslösen und wegwerfen. Den restlichen Kohl in Streifen schneiden. Die Streifen in die Pfanne geben und mit Salz und Pfeffer würzen. Ein paar Minuten rühren, bis der Kohl etwas zusammenfällt.

3 Den Kohl weitere 8–10 Minuten unter regelmäßigem Umrühren schmoren, bis er gar, aber dennoch knackig ist. Wenn weicher Kohl bevorzugt wird, sollten Sie einen Deckel auf die Pfanne legen. Sofort servieren, solange der Salat noch warm ist.

Variationen

• Dieses Gericht kann auch mit Blattkohl zubereitet werden.

• Zur Zubereitung eines reichhaltigen Mittagessens können Sie mehr Speck verwenden und einige geschnittene Champignons sowie enthäutete, geschnittene Tomaten dazugeben.

Energie 151 kcal/623 kJ; Protein 6,7 g; Kohlenhydrate 7,4 g – davon 7 g Zucker; Fett 10,5 g – davon 2,6 g gesättigt; Cholesterin 15 mg; Kalzium 67 mg; Ballaststoffe 2,8 g; Natrium 452 mg

Sellerie mit Speck

Der Speck verleiht dieser Beilage Farbe und zusätzliches Aroma. Sie schmeckt besonders gut zu einem Braten oder einem geschmorten Fischgericht, wodurch wirklich tolle Geschmackskombinationen entstehen.

FÜR 4 PERSONEN

40 g Butter
2 Scheiben Rückenspeck, geschnitten
1 kleine Zwiebel, abgezogen und fein geschnitten
1 Karotte, abgezogen und fein geschnitten
1 Staudensellerie, abgezogen und in kurze Stücke geschnitten
175 ml Hühner- oder Gemüsebrühe
1 Lorbeerblatt
1 Stängel Petersilie
schwarzer Pfeffer, frisch gemahlen
Salz

1 Die Butter in einer großen, schweren Pfanne schmelzen. Den Speck, die Zwiebel- und die Karottenstücke hineingeben und braten, bis sie anfangen, glasig zu werden.

2 Den Sellerie hinzufügen und alles bei mittlerer Hitze 2–3 Minuten braten. Die Brühe, das Lorbeerblatt, die Petersilie sowie Salz und Pfeffer hineinrühren, dann zum Kochen bringen.

3 Die Pfanne abdecken und das Gemüse schonend ca. 25 Minuten köcheln lassen, bis der Sellerie zart ist und die Flüssigkeit etwas eingekocht ist. Heiß servieren.

Energie 256 kcal/1070 kJ; Protein 8,3 g; Kohlenhydrate 26 g – davon 7,6 g Zucker; Fett 13,9 g – davon 6,6 g gesättigt; Cholesterin 30 mg; Kalzium 59 mg; Ballaststoffe 7 g; Natrium 364 mg

Topinambur mit Knoblauch, Schalotten und Speck

Der erdige Geschmack von Topinambur passt wunderbar zu Schalotten und geräuchertem Speck oder Pancetta. Topinambur schmeckt großartig zu Hähnchen, Schweinefleisch, gebratenem Kabeljau oder Seeteufel.

FÜR 4 PERSONEN

50 g Butter
115 g geräucherter, durchwachsener Speck oder Pancetta, geschnitten
800 g Topinambur, geschält
8–12 Knoblauchzehen, abgezogen
115 g Schalotten, abgezogen und geschnitten
75 ml Wasser
2 EL Olivenöl
25 g frische Weißbrotkrumen
2–3 EL gehackte Petersilie
schwarzer Pfeffer, frisch gemahlen
Salz

1 Die Butter in einer Gusseisenpfanne schmelzen und den Speck oder Pancetta braten, bis er braun und knusprig ist. Dann die Hälfte davon aus der Pfanne nehmen und beiseitestellen.

2 Den Topinambur, den Knoblauch und die Schalotten in die Pfanne geben und braten, dabei immer wieder umrühren, bis der Topinambur und der Knoblauch beginnen, leicht braun zu werden. Nach Geschmack mit Salz und Pfeffer würzen und das Wasser einrühren. Einen Deckel auf die Pfanne legen und 8–10 Minuten schmoren lassen, dabei die Pfanne gelegentlich schwenken.

3 Den Deckel abnehmen, die Hitze erhöhen und alles 5–6 Minuten schmoren, bis die Flüssigkeit in der Pfanne verdampft und der Topinambur zart ist.

4 In einer anderen Bratpfanne die restliche Butter im Öl schmelzen. Die Brotkrumen dazugeben und bei mittlerer Hitze und unter Rühren leicht anrösten, bis sie knusprig und goldbraun sind. Dann die Petersilie und den beiseitegestellten Speck oder Pancetta hineinrühren.

5 Den Topinambur mit der Brotkrumen-Mischung gut vermengen. Mit Salz und Pfeffer abschmecken. Dann auf einem angewärmten Teller anrichten und sofort servieren.

Energie 341 kcal/1481 kJ; Protein 10 g; Kohlenhydrate 28 g – davon 5 g Zucker; Fett 23 g – davon 9 g gesättigt; Cholesterin 45 mg; Kalzium 79 mg; Ballaststoffe 1 g; Natrium 511 mg

Ofenkartoffeln mit Speck

Zur traditionellen Zubereitung dieses walisischen Gerichts werden Kartoffeln, Zwiebeln und Speckscheiben in einem Kochtopf mit Wasser übereinandergeschichtet und dann über offenem Feuer gegart. Hier werden die Zutaten in einen ofenfesten Kochtopf gegeben und auf die Herdplatte gestellt, um den geschnittenen Speck anzubräunen und das Gemüse zu garen, bevor man Brühe angießt und das Gericht in den Ofen stellt.

FÜR 4 PERSONEN

1 EL Pflanzenöl
25 g Butter
8 dicke Scheiben Speck ohne
   Schwarte, geschnitten
2 Zwiebeln, abgezogen und dünn
   geschnitten
1 kg Kartoffeln, dünn geschnitten
600 ml Hühner- oder Gemüsebrühe
   (oder eine Mischung aus beidem)
schwarzer Pfeffer, frisch gemahlen
gehackte Petersilie, zum Garnieren

1 Den Ofen auf 190 °C vorheizen. Das Öl und die Butter in einem ofenfesten Topf erhitzen, den Speck hineingeben und bei mittlerer Hitze unter gelegentlichem Rühren anbraten, bis der Speck beginnt, an den Rändern braun zu werden.

2 Die dünn geschnittenen Zwiebeln zu dem Speck hinzufügen. 5–10 Minuten weiterbraten, dabei gelegentlich umrühren. Die Zwiebeln sollten etwas weich werden und eine satte goldbraune Farbe annehmen.

3 Die Kartoffeln hinzufügen und gut durchrühren. Die Brühe angießen und die Kartoffeln und die Zwiebeln in die Flüssigkeit drücken. Mit Pfeffer würzen.

4 Zum Kochen bringen, den Topf mit einem Deckel abdecken und in den heißen Ofen stellen. 30–40 Minuten backen, bis die Kartoffeln weich geworden sind.

5 Den Deckel abnehmen. Die Ofentemperatur auf 220 °C erhöhen und

weitere 15–20 Minuten backen, bis die Oberfläche knusprig und goldbraun ist. Mit etwas gehackter Petersilie garnieren.

Variation
Dieses Gericht kann auch mit frischem Salbei, wildem Knoblauch, Lauch und etwas würzigem Käse (zum Überbacken im Ofen) zubereitet werden.

Energie 385 kcal/1615 kJ; Protein 14,8 g; Kohlenhydrate 48,2 g – davon 8,9 g Zucker; Fett 16,1 g – davon 7,1 g gesättigt; Cholesterin 43 mg; Kalzium 44 mg; Ballaststoffe 3,9 g; Natrium 935 mg

Glasierte Süßkartoffeln mit Speck

Rauchiger Speck passt perfekt zu diesen mit Zucker glasierten Süßkartoffeln, die einem auf der Zunge zergehen. Sie sind eine hervorragende Alternative zu Bratkartoffeln und können z. B. als Beilage zu Ente oder Hähnchen serviert werden.

FÜR 4–6 PERSONEN

3 EL Butter, zusätzlich 1 EL
   zum Einfetten
900 g Süßkartoffeln
115 g feiner, hellbrauner Zucker
2 EL Zitronensaft
4 Scheiben geräucherter, fettarmer
   Speck, in streichholzgroße Stücke
   geschnitten
1 Handvoll glatte Petersilie
schwarzer Pfeffer, frisch gemahlen
Salz

1 Den Ofen auf 190 °C vorheizen. Eine flache, ofenfeste Form leicht mit Butter einfetten. Die ungeschälten Süßkartoffeln in grobe Stücke schneiden und ca. 25 Minuten im Wasser kochen, bis sie zart sind.

2 Die Kartoffeln abschütten und abkühlen lassen. Wenn sie kalt genug sind, um verarbeitet zu werden, die Kartoffeln schälen und in dicke Scheiben schneiden. In einer einzelnen Schicht in der vorbereiteten Form anordnen, sodass sich die Scheiben überlappen.

3 Den Zucker und den Zitronensaft darübergeben und mit Butterflöckchen bestreuen.

4 Den Speck darüberstreuen und alles gut würzen. Unbedeckt 35–40 Minuten backen, dabei hin und wieder mit dem Fett übergießen, das sich in der Form ansammelt.

5 Mit einem Messer in die Kartoffeln stechen und prüfen, ob sie gar sind. Die Form aus dem Ofen nehmen.

6 Den Backofengrill einschalten. Die Kartoffeln mit Petersilie bestreuen. Die Form 2–3 Minuten unter den Backofengrill stellen, bis die Kartoffeln angebräunt sind und der Speck knusprig ist. Heiß servieren.

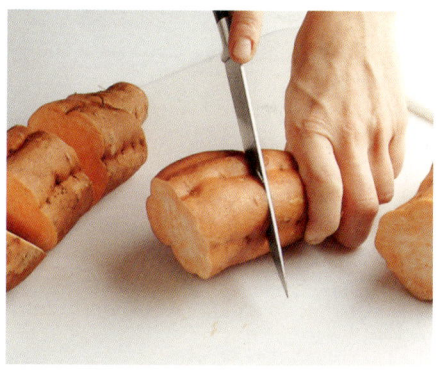

Energie 387 kcal/1627 kJ; Protein 7,2 g; Kohlenhydrate 49,5 g – davon 26,1 Zucker g; Fett 19,3 g – davon 9,8 g gesättigt; Cholesterin 50 mg; Kalzium 49 mg; Ballaststoffe 3,6 g; Natrium 562 mg

Kartoffel-Bohnen-Speck-Salat

Knuspriger Speck macht diese belgische Spezialität zu einer echten Gaumenfreude. Er eignet sich sowohl als leichtes Mittagessen wie auch als ansprechende Beilage.

FÜR 4 PERSONEN

600 g Kartoffeln, gebürstet

500 g grüne Bohnen, geputzt

1 EL Pflanzenöl

150 g geräucherter Speck, fein
  geschnitten

1 kleine Zwiebel, abgezogen und
  fein geschnitten

6 EL Rotweinessig

schwarzer Pfeffer, frisch gemahlen

Salz

1 EL gehackte Petersilie zum
  Garnieren

1 Die Kartoffeln in leicht gesalzenem Wasser 15–20 Minuten kochen. Abtropfen und etwas abkühlen lassen, dann in Scheiben schneiden.

2 In der Zwischenzeit die Bohnen in einem separaten Kochtopf 5 Minuten kochen. Abtropfen lassen, mit kaltem Wasser abspülen, dann mit Küchenpapier trocken tupfen. Die Bohnen in eine Salatschüssel geben und mit Folie abdecken, um sie warm zu halten.

3 Das Öl in einer schweren Bratpfanne erhitzen und den Speck darin anbraten, bis er goldbraun und schön knusprig ist. Mit einem Schaumlöffel den Speck aus der Pfanne nehmen, über den Bohnen verteilen und wieder mit Folie abdecken.

4 Die Pfanne wieder auf den Herd stellen. Wenn das Speckfett heiß ist, die Zwiebel dazugeben und 8–10 Minuten braten, bis sie goldbraun ist. Den Pfanneninhalt über die Bohnen und den Speck geben, dann die Kartoffeln hinzufügen. Alles vorsichtig vermischen.

5 Den Weinessig in die Bratpfanne gießen. 2 Minuten kochen, dabei kontinuierlich rühren, um eventuelle Speck- oder Zwiebelreste abzukratzen und in den Essig zu mischen. Die Mischung über den Salat gießen. Den Salat mit Salz und Pfeffer würzen und vorsichtig vermischen. Mit gehackter Petersilie bestreuen und sofort servieren, solange der Salat noch warm ist.

Energie 246 kcal/1029 kJ; Protein 11,3 g; Kohlenhydrate 29,3 g – davon 5,7 g Zucker; Fett 10,1 g – davon 2,9 g gesättigt; Cholesterin 20 mg; Kalzium 60 mg; Ballaststoffe 4,5 g; Natrium 595 mg

Kandierter Bacon

Wenn man zu Bacon Zucker hinzufügt, mag das zunächst seltsam erscheinen, doch die Kombination von salzig und süß ist geradezu himmlisch! Überraschen Sie Ihre Freunde damit: Sie werden begeistert sein!

FÜR 6 PERSONEN
175 g brauner Rohrzucker
1 TL Zimt
½ TL Cayennepfeffer
12 Scheiben Bacon

1 Den Ofen auf 190 °C vorheizen. Die trockenen Zutaten vermischen und in eine flache Schüssel geben. Ein Backblech mit Backpapier oder Alufolie auslegen und einen Backrost daraufstellen.

2 Beide Seiten des Bacons in der Mischung wälzen und ca. 10 Minuten auf dem Backrost im Ofen backen. Darauf achten, dass der Zucker nicht anbrennt. Den Bacon wenden und weitere 5 Minuten backen.

3 Den kandierten Bacon heiß oder kalt servieren. Er kann in einem luftdichten Behälter aufbewahrt werden, um z. B. Salat oder Suppen damit zu bestreuen oder um ihn in den Teig von Cupcakes und Frühstücksmuffins zu mischen.

Energie 224 kcal/936 kJ; Protein 8 g; Kohlenhydrate 24 g – davon 12 g Zucker; Fett 12 g – davon 4 g gesättigt; Cholesterin 13 mg; Kalzium 23 mg; Ballaststoffe 0 g; Natrium 637 mg

Schoko-Speck

Beliebt in ganz Amerika: Speck in Schokolade gedippt ist die ultimative Süßigkeit und ein pikanter Snack obendrein. Ein paar gehackte Nüsse geben dem Ganzen noch zusätzlichen Biss.

FÜR 4 PERSONEN
8 dicke Scheiben ungeräucherter, durchwachsener Speck
450 g Vollmilchschokolade oder Zartbitterschokolade von guter Qualität
gehackte Nüsse zum Bestreuen

1 Den Speck grillen, bis er knusprig ist. Das Fett abtropfen und den Speck abkühlen lassen, dann mit Küchenpapier trocken tupfen.

2 Die Schokolade in einem Wasserbad in einer hitzebeständigen Schüssel über köchelndem Wasser schmelzen. Den Speck vorsichtig in die geschmolzene Schokolade tauchen.

3 Den mit Schokolade überzogenen Speck auf ein Tablett legen, das mit Backpapier ausgekleidet ist. Die gehackten Nüsse darüberstreuen. Das Tablett in das Tiefkühlfach oder die Kühltruhe stellen, damit die Schokolade erstarren kann.

Energie 742 kcal/3104 kJ; Protein 18 g; Kohlenhydrate 71 g – davon 70 g Zucker; Fett 45 g – davon 24 g gesättigt; Cholesterin 52 mg; Kalzium 42 mg; Ballaststoffe 0 g; Natrium 847 mg

Chicorée und Speck

Speck ist die perfekte Ergänzung zu dem charackteristisch Eigengeschmack des Chicorées. Dieser ist eine gute Beilage zu gebratenem Fleisch, Wild oder einem herzhaften Auflauf.

FÜR 4 PERSONEN

ca. 675 g Chicorée (3 große Chicoréeköpfe)

1 Prise Zucker

6 Scheiben geräucherter, durchwachsener Speck ohne Schwarte, grob geschnitten

3 Knoblauchzehen, abgezogen und fein geschnitten

150 ml Gemüsebrühe

1 Lorbeerblatt

schwarzer Pfeffer, frisch gemahlen

1 Den Chicorée der Länge nach vierteln. Wenn er etwas älter und bereits hart ist, 2 Minuten in kochendem, leicht gesalzenem Wasser mit dem Zucker blanchieren und danach abtropfen lassen, um den bitteren Geschmack abzumildern. Dies ist nicht nötig, wenn der Chicorée jung und zart ist.

2 Die Speckstücke bei mittlerer Hitze 3–4 Minuten in einer antihaftbeschichteten Pfanne braten, bis sie beginnen, braun zu werden. Den Knoblauch hinzufügen und kurz mit anbraten, dann den Speck mit einem Schaumlöffel auf einen Teller geben. Das Fett und den Bratensaft in der Pfanne zurücklassen.

3 Den Chicorée in die Pfanne geben und 3–4 Minuten unter häufigen Umrühren schmoren, bis er anfängt zu karamellisieren. Die Brühe darübergießen, das Lorbeerblatt dazugeben und den Speck und den Knoblauch wieder zurück in die Pfanne geben.

4 Wenn die Brühe beginnt zu brodeln, die Hitze drosseln und einen Deckel auf die Pfanne legen. 5 Minuten köcheln lassen, den Deckel wieder abnehmen und 7–8 Minuten kochen, bis der Chicorée zart und der Großteil der Brühe verdampft ist.

5 Das Lorbeerblatt entfernen, dann abschmecken und mit Pfeffer würzen (Salz ist nicht nötig, da der Speck bereits recht salzig ist). Das Gericht noch heiß mit einer Portion gekochter Kartoffeln servieren.

Variation

Bei Bedarf können Sie den Chicorée direkt vor dem Servieren würzen – z. B. mit ein paar Fenchelsamen oder geschnittenen, frischen Kräutern wie Schnittlauch oder Dill.

Energie 117 kcal/484 kJ; Protein 6,8 g; Kohlenhydrate 6,8 g – davon 1,4 g Zucker; Fett 8,5 g – davon 2,9 g gesättigt; Cholesterin 20 mg; Kalzium 40 mg; Ballaststoffe 2 g; Natrium 396 mg

Quinoa-Brot mit Käse und Bacon

Dieses rustikale Quinoa-Brot, gespickt mit gebratenem Bacon, schmeckt herrlich, wenn es frisch aus dem Ofen kommt. Servieren Sie es zu Suppe oder Salat.

FÜR 8 PERSONEN

225 g Weizenmehl (Type 550)
175 g Vollkornmehl
300 g gekochte Quinoa
2 TL Trockenhefe
1½ TL Salz
4 EL Zucker
300 ml lauwarmes Wasser
2 EL Pflanzenöl
1 kleine Zwiebel, abgezogen und
    fein gewürfelt
4 Scheiben Bacon
50 g würziger Cheddar-Käse, gerieben
Milch zum Bestreichen

1 Die beiden Mehlsorten in eine große Schüssel sieben. Die gekochte Quinoa, die Hefe, das Salz und den Zucker dazugeben und alles vermischen. In der Mitte eine Vertiefung machen und nach und nach ausreichend lauwarmes Wasser hineingeben. Alles zu einem geschmeidigen Teig verarbeiten.

2 Den Teig 6–8 Minuten auf einer bemehlten Tischplatte kneten. Den Teig mit einer Hand festhalten und mit der anderen ziehen. Den Teig wenden und diese Prozedur wiederholen, um den Teig in die Länge zu ziehen und um die Hefe zu aktivieren.

3 Den Teig in einer mit einem feuchten Tuch abgedeckten Schüssel 1–1½ Stunden an einem warmen Ort gehen lassen, bis er seine Größe fast verdoppelt hat.

4 In der Zwischenzeit 1 EL Öl in einer Bratpfanne erhitzen und die Zwiebelwürfel hineingeben, 4–5 Minuten braten, bis sie weich, aber noch nicht glasig sind.

5 2 Baconscheiben in die Pfanne geben und weitere 3–4 Minuten mitbraten, bis sie braun und knusprig sind. Die fertigen Speckscheiben mit einer Küchenschere in kleine Stückchen schneiden und beiseitestellen.

6 Den aufgegangenen Teig ein paar Minuten mit der Hand oder mit den Knethaken eines elektrischen Handrührgerätes kneten. Den Bacon, die Zwiebeln und ¾ des geriebenen Käses hinzufügen und unterheben. Kneten, bis sich alles vermengt hat.

7 Den Ofen auf 200 °C stellen. Eine Brotbackform (Fassungsvermögen 450 g) mit Öl einfetten. Der Teig sollte die Form gut ausfüllen. Den Teig weitere 20–30 Minuten an einem warmen Ort gehen lassen.

8 Die Oberfläche des Brotes mit Milch einpinseln und 15 Minuten auf der mittleren Schiebeleiste backen. Kurz aus dem Ofen nehmen, mit dem restlichen Käse bestreuen und mit 2 Baconscheiben belegen. Weitere 15–20 Minuten backen, bis das Brot aufgegangen und goldbraun ist, dann aus der Form nehmen. Es sollte auf der Unterseite hohl klingen, wenn man leicht darauf klopft. Falls nötig, nochmals einige Minuten im Ofen backen.

9 Das Brot auf ein Drahtgitter stellen und abkühlen lassen.

Energie 314 kcal/1325 kJ; Protein 12 g; Kohlenhydrate 51 g – davon 10 g Zucker; Fett 8 g – davon 3 g gesättigt; Cholesterin 14 mg; Kalzium 103 mg; Ballaststoffe 3 g; Natrium 585 mg

Register